KB059817

OKR로 빠르게 성장하기
OKR & GROWTH

OKR로 빠르게 성장하기
OKR & GROWTH

초판 1쇄 발행 2021년 7월 19일
6쇄 발행 2023년 5월 25일

지은이 이길상
펴낸이 오세인 | **펴낸곳** 세종서적(주)

주간 정소연
편집 박혜정 이민애 | **본문 디자인** 프롬디자인
마케팅 임종호 | **경영지원** 홍성우
인쇄 천광 | **종이** 화인페이퍼

출판등록 1992년 3월 4일 제4-172호
주소 서울시 광진구 천호대로132길 15, 세종 SMS 빌딩 3층
전화 경영지원 (02)778-4179, 마케팅 (02)775-7011 | **팩스** (02)776-4013
홈페이지 www.sejongbooks.co.kr | **네이버 포스트** post.naver.com/sejongbooks
페이스북 www.facebook.com/sejongbooks | **원고 모집** sejong.edit@gmail.com

ISBN 978-89-8407-966-3 (03320)

- 잘못 만들어진 책은 바꾸어드립니다.
- 값은 뒤표지에 있습니다.

스타트업부터 대기업까지  바로 적용하는 OKR 실행법

GROWTH

OKR로 빠르게 성장하기

이길상 지음

추천의 글

수년 전부터 스타트업을 시작으로 대기업까지 OKR을 도입하고 있다. 하지만 OKR을 단순히 기존의 KPI로 대치하고 새로운 평가 프로그램 정도로만 인식한다. 이 과정에서 실제 적용을 어려워하는 기업의 대표와 인사담당자를 많이 만났다. 이미 OKR을 도입했거나 검토 중인 기업들이 이 책을 통해 OKR의 진정한 목적과 한국 기업에 맞는 실행 방법을 배우고 깊은 이해를 할 수 있을 것이다. 이제 OKR 성공 사례들이 무수히 탄생할 것을 기대한다.

-황성현, 퀀텀인사이트 대표, 카카오 전 부사장

많은 글로벌 혁신 기업의 게임 체인저 역량과 '성장'에는 OKR이 추구하는 성과관리 철학이 기반을 이루었다. 그 점에서 저자가 제시하는 성과관리의 사상적/실천적 인사이트는 비슷한 고민과 열망을 가지고 있는 국내 기업들에게 빈틈없이 친절하다. OKR을 할 때 만나는 장해물에 대한 저자의 따뜻한 공감과 즉시 활용 가능한 냉철한 솔루션이 조화롭게 교차되어, OKR 기반 성과관리 혁신을 위한 용기와 신뢰를 더해준다. '사람'과 '성과'의 성공적인 연결을 원한다면 이 책은 최고의 한 권이 될 것이다.

-이세희, 현대자동차그룹 인사실 상무

조직의 탁월한 성과뿐만 아니라 구성원들의 성장을 함께 만들고자 하는 경영자 혹은 리더라면, OKR은 훌륭한 도구가 될 것이다. 그리고 OKR이라는 이 훌륭한 도구를 올바르게 이해, 수립, 실행하는 데 이 책 한 권이면 충분하다.

-이웅, 버드뷰(화해) CEO

10% 개선이 아닌, 10X 혁신과 임팩트를 원하는 조직이라면 OKR 도입을 생각해 볼 것이다. 이 책에는 한국의 문화와 맥락에 닿아 있는 OKR이 무엇인지 이해를 높이고, 구체적인 OKR 사례와 질문 예시가 풍부하게 제시되어 있다.

우리 기업처럼 이제 막 OKR을 도입한 기업이 맞닥뜨릴 위험과 실패를 가늠하게 해주고 어떻게 돌파해야 하는지 가이드를 해준다. 어떤 조직이 왜 OKR로 정렬해야 하는지와 같은 원칙부터, 피드백에서는 어떤 질문을 해야 하는지와 같이 구체적인 부분까지 모두 담겨 있어, OKR 도입부터 실행에 실용적으로 활용될 매뉴얼이다.

-홍승일, 힐링페이퍼(강남언니) CEO

우리 조직에 OKR을 도입하게 된 것은 행운이다. 지속적인 혁신을 만들기 위해 구성원들에게 회사의 존재 이유WHY에 대해 강조해 왔다. 하지만 이 WHY만으로는 성과와 혁신을 만들어 낼 수 없었다. OKR은 WHY에 따른 명확한 목표WHAT를 수립, 이를 전 구성원과 공유하고 목표에 집중할 수 있게 하는 최고의 툴이다.

1년 그리고 5년, 10년 후 우리의 비전을 달성할 모습이 기대된다. 정말 필요한 일에 집중하고자 하는 조직, 구성원들의 자율적 참여를 통해 성과와 성장을 함께 이뤄내려는 조직에게 이 책을 추천한다.

-손지호, 라이프스타일디벨로퍼, 네오밸류 CEO

매일매일 발생하는 각자의 일을 해내느라 바쁘게 돌아가고 있었다. 더 큰 변화의 필요성에 대해선 모두가 공감했지만 뭔가 새로운 것을 시도하고 더 높은 수준에 도전하기엔 이미 짊어진 짐만으로도 버거워했다. 실행되지 않고 있는 많은 아이디어가 먼지를 안은 채 쌓여 있었다.
OKR은 이런 현실을 넘어서 새로운 변화를 만들어 낼 수 있는 '변화의 도구'가 되었고, 저자의 지혜로운 조언으로 시행착오를 줄일 수 있었다. 큰 꿈이 있지만 녹록하지 않는 현실 앞에서 자꾸 주저앉는 조직의 책임자라면 일독을 권하고 싶다. -윤여영, 아름다운가게 CEO

매출 확대, 사업 규모 확장, 기업가치 증대는 기업의 목표일까, 열매일까? 이를 목표로 삼는 기업과 이를 열매로 기대하는 기업은 다르다. 성과를 목표로 삼을 때 평가가 지배하지만, 성과를 열매로 볼 때 진정한 경영management이 시작되고 구성원이 성장하게 된다. 이 책은 과거의 잘못된 신화를 바로잡고, OKR을 통해 기업이 진정으로 바라봐야 할 열매가 무엇인지 소개한다.
이 책을 읽으며 진짜 열매를 일터에서 경험할 수 있다면 이건 정말 큰 축복일 것이다. 무엇보다 이 책을 통해 다시금 마음을 다지고 사내에 적용하고 소통해야 할 부분을 명확하게 알게 되었다.

-김정태, 엠와이소셜컴퍼니(MYSC) CEO

미리 알았더라면 좋았을 것들이 있다. 우리 회사에 OKR을 도입하기 전에 이 책을 만날 수 있었다면 얼마나 좋았을까? 경영 도구로 OKR을 처음 적용하는 조직이든, 기존의 다른 도구를 OKR로 전환하는 조직이든 리더에게는 변화 관리가 요구된다. 어떻게 하면 조직 내에 OKR을 잘 정착시킬 수 있는지 구체적인 팁을 알려주는 이 책은 변화의 여정에 좋은 가이드가 될 것이다.

-허재형, 루트임팩트 CEO

저자는 'OKR의 철학', 'OKR 도입 방법', 'OKR 운영 이슈 해결 방안' 등에 대해 지식과 경험을 풍부하게 보유한 국내 최고 전문가다. 이 책은 OKR에 대한 저자의 노하우가 체계적으로 잘 정리되어 있다. 이 책을 읽으면서 당사에 적용하고 싶은 인사이트와 실질적인 가이드를 많이 발견할 수 있었다. OKR 도입을 고민하거나 작동하는 성과관리 체계를 고민하는 모든 분들에게 강력 추천한다.

-정민호, 에프앤에프 HR디렉터

OKR에 관한 지식은 쌓이는데 막상 어떻게 적용해야 할지 막막함이 풀리지 않는다면 이 책이 가뭄에 단비 같은 책이 되리라 확신한다. 나 역시 머리로 배운 OKR을 가지고 쩔쩔매고 있을 무렵, 이 책이 이론과 현실을 이어 주고 조직 안에 던져진 많은 질문에 명쾌한 답을 주었다. OKR을 제대로 실행하고 싶다면 이 책을 가장 먼저 읽어 보길 권한다.

-안정권, 노을 CSO

많은 기업들이 성장하고 싶어 한다. 하지만 전통적 성과관리 관행이 성장을 방해하고 있다. 무엇을 해야 할까?
저자는 그동안 많은 기업들과 함께 OKR의 희로애락을 경험하며 그 해답을 제시한다. 책 속의 풍부한 질문들과 내용을 따라가다 보면 경영철학, 조직문화, 동기부여, 리더십, 의사소통, 목표관리, 평가와 보상 등의 경영학 주제들이 OKR의 틀 속에서 잘 정렬되어 있는 것을 발견할 것이다. 실무자뿐만 아니라 조직관리 연구자들에게도 일독을 권한다.

-홍운기, 울산과학기술원(UNIST) 경영과학부 교수

서문

K-기업, OKR이 필요하다

'고객', '성장', '변화'.

매년 초 발표되는 10대 그룹의 CEO 신년사에서 2019년부터 2021년까지 3년간 가장 많이 언급된 단어다. 이 단어들이 뭘 의미하는가? 지금 대한민국 기업들은 성장을 열망하고 있다.

디지털 혁신 속에서 국경은 무의미해지고, 그만큼 경쟁은 더욱 치열해졌다. 디지털, 온라인 환경은 고객의 삶과 환경으로 빠르게 자리 잡고 있다. 1, 2차 산업 제품들도 이제 온라인에서 고객들의 선택을 받아야 할 정도다. 사용자가 증가하면 제품과 서비스를 제공한 기업들도 빠르게 성장한다. 이런 변화에 적응하지 못하는 기업은 생존마저 위협받는다.

"회사가 구성원들이 높은 수준의 도전을 할 수 있도록 도와주고, 그 과정에서 집중력 있게 실행할 수 있고, 결과를 통해서 검증하고 리뷰하고 성장할 기회까지 이어지는 정신을 담는 것이 OKR이라고 생각합니다."

성과와 성장을 동시에 추구하는 회사로 유명한 버드뷰(화해)의 CEO가 한 말이다. 모바일 뷰티 플랫폼을 운영하는 버드뷰는 2013년 창업한 이후, 2014년 말부터 OKR을 꾸준히 해 오고 있다. 이유는 간단하다. '성장하기 위해서'. OKR을 고도화해서 구성원의 성장을 통해 회사도 계속 성장하고, 동시에 구성원의 성장을 계속 지원하는 성장 플랫폼이 되기 위해 노력하고 있다.

스타트업이든 대기업이든 비영리 조직이든 구성원들은 기업이 성장하는 만큼 자신도 성장하기를 기대한다. 회사의 성장을 위해 노동을 제공하고 대가로 받는 월급 그 이상에 대한 욕구가 과거보다 훨씬 강해졌다. 더 많은 성취를 통해 성장하기 원한다. 자신의 성장을 적극적으로 추구하고, 그런 기회가 제공되는 기업을 선택하고 있다. 특히 MZ세대(1980년대 초~2000년대 초 출생한 '밀레니얼 세대'와 1990년대 중반부터 2000년대 초반 출생한 'Z세대'를 이르는 말)는 일에 있어서 성장 욕구가 강하고 자신의 욕구를 표현하는 것을 주저하지 않는 편이다. 기업의 성장이 자신의 성장으로 이어지지 않을 때, 이를 요구하거나 이직을 선택한다. 성장 욕구가 강한 인재들을 영입하기 위해서 기업들은 문화와 제도, 일하는 방식을 바꾸고 적극적으로 홍보하고 있다.

이 책은 OKR을 이야기하는 책이다. 동시에 성장을 이야기한다. 성장이란 무엇일까? 가장 단순하고 명확한 정의는 '되고자 하는 모습에 가까워지는 것'이다. 되고자 하는 모습은 궁극적으로 사명이나 비전을 말한다. 조직이나 개인이 자신의 사명과 비전에 가까이 가는 과정에서 여러 이정표를 지나야 하는데 이 이정표들을 목표라고 한다. 그렇게 하나하나의 목표를 향한 도전 속에서 조직과 개인은 되고자 하는 모습을 향해 성장하는 것이다.

사명과 목표가 있다고 해서 저절로 성장하는 것은 아니다. 여섯 가지의 성장요소 GROWTH가 필요하다. 성장은 이미 정해져 있거나 우열을 가리는 경쟁이 아니라, 누구나 얼마든지 성장할 수 있다는 사고방식Growth-mindset에서 출발한다. 성장은 목표에 가까워지는 과정이다. 그래서 어떤 목표를 향할 것인지 다시 생각하는Re:think 것은 매우 중요하다. 그리고 공동의 목표와 과정에 대해 자주 대화를 나누고On the same page, 피드백과 협업을 통해 시너지를 내며 함께 성장한다Win-win. 이런 과정을 통해 우리가 열망하는 원대한 꿈까지 끊임없이 도전하면서To the moonshot, 리더와 구성원들이 진심과 신뢰로 이어진 성장하는 조직을 만들 수 있을 것이다Heart-to-heart.

이 책에는 저자의 꿈이 담겨 있다. 그 꿈은 대한민국의 수많은 조직이 그들의 사명과 고객을 위한 목표를 세우고, 도전하면서 성장과 변화를 경험하는 것이다. 원고를 구상했을 때부터 이 책의 OKR을 다음과 같이 세웠다.

목표Objective	더 많은 조직들이 OKR로 성장할 수 있도록 돕는다.
핵심결과Key Result 1번	OKR로 성장한 조직 사례 1만 개를 발굴한다.
핵심결과 2번	OKR로 성장한 구성원 사례 10만 개를 발굴한다.

이 책은 여러 기업의 실제 성공, 실패, 성장의 사례들, 리더와 구성원들의 이야기, 각 분야 전문가들, 예비 독자들의 의견을 담은 책이다. 개인적인 생각이나 말로만 구성하지 않았다. 협력과 도움의 산물이다. 멋진 도전의 결과는 팀워크와 도움으로 완성된다는 경험이 고스란히 묻어 있는 책이다. 그리고 대기업, 중견기업, 스타트업, NGO, 투자기관 등의 다양한 사례들을 담았다.

이 책의 제목은 'OKR로 빠르게 성장하기'다. 제목의 세 단어가 품고 있는 의미를 알고 이 책의 페이지를 넘긴다면, 저자와 대화하듯이 재미있게 읽을 수 있을 것이다.

- **OKR**: 새로운 성장의 동력 OKR은 무엇이고, 왜 해야 하고, 어떻게 하는 것인가?
- **빠르게**: OKR을 하면 다음 달에 당장 효과를 볼 수 있다는 뜻이

아니다. 멋진 목표를 세우고, 도전과 협업 방식이 조직에 정착하면, 추구하는 바에 더 빠르게 접근하게 된다는 '성장의 속도'를 말한다.

- **성장하기**: OKR은 성장을 지향하는 마인드셋과 조화를 이룬다. OKR은 멈춰 있는 것에 만족하거나, 유지하려는 것이 아니라, 성장하려고 하는 것이다. 작은 성장에서 큰 성장으로 새로운 성장을 경험하게 된다. 성장이 무조건 내년에 두 자릿수 매출을 기록하는 것만을 의미하지 않는다. 산업 중에는 매년 두 자릿수 성장을 꿈꾸는 것 자체가 어려운 경우도 많다. 이런 조직이라도 사명이 있기에, 사명을 위한 더 나은 서비스와 변화를 추구하는 것은 성장이라고 말할 수 있다. 그렇다. 모든 조직은 성장할 수 있다.

이 책은 OKR을 처음 접하는 독자라도 이해 - 수립 - 실행 - 성공을 순서대로 읽으면서 따라서 실행할 수 있도록 구성하였다. 이미 OKR을 도입해 봤다면, 도입 후 현재까지 잘하고 있는지를 점검하는 기준이자 개선점을 찾는 가이드로도 활용할 수 있을 것이다. 중간중간 있는 다른 기업들의 현장 사례들이 도움이 될 것이다.

책을 읽다 보면 '내용대로 따라 하는 것이 과연 우리 조직에 맞을까?'라는 의문이 들 수도 있다. 모든 조직은 저마다의 일하는 방식과 문화를 가지고 있기에 일률적인 적용보다는 자기 조직에 맞춘 도입을 검토하는 것이 좋다. 4부의 'OKR × 그로스 모델'을 참고한다면, 도입부터 정착까지 각자 조직만의 활용법을 찾게 될 것이다. 이 책은 순서대로 읽어도 좋지만, 이미 OKR을 실행하면서 시행착오를 겪었다면 필요한 부분을 골라 실제 실행과 비교해 가면서 읽어도 좋다. 시행착오의 원인과 개선 포인트를 발견하게 될 것이다. 부디 이 책이 독자 여러분의 조직과 개인의 성장 파트너가 되기를 간절히 바란다.

저자 이길상

차례

3부 · 실행

시작할 것 그리고 함께할 것

4부 · 성공

실패 없는 OKR을 위해

OKR

GROWTH

1

이해 — 수립 — 실행 — 성공

OKR은 어떻게 성장을 이끄는가

누구나 얼마든지 성장할 수 있다는 사고방식,
성장을 위한 마인드셋

Growth - mindset

R

O

W

T

H

목표는 세우지만 변화가 없다

M사의 CEO와 경영진들은 시름이 깊다. 20년 전 사업 시작 후 초기 10년간은 단 한 번의 정체 없이 연평균 성장률 50%, 매출 1,000억을 돌파하며 승승장구했다. 그러나 그 후 10년간 연평균 성장률 -7%로 지속적인 매출 감소를 겪으며, 지금은 매출 500억조차 장담하기 어려운 지경에 이르렀다. 이러다가 회사의 생존마저 어렵다고 판단한 CEO와 경영진들은 몇 개월간 매주 주말을 반납하고 회의실에 모여 회의를 거듭했다. 거기 모인 10여 명의 리더들은 회사의 전성기와 하락기를 모두 경험한 사람들이었다. "우리가 왜 이런 상황에 처하게 되었을까요?" "매년 성장 목표를 세우고 노력해 왔는데, 무엇이 문제일까요?" 외부의 경영 전문가들에게도 도움을 청해 지속적인 만남을 가

지면서 대책을 논의했다. 몇 개월간 그들의 주말은 무겁고 진지하게 흘러갔다.

치열하게 노력한 결과, 경영진들은 회사의 비전을 새롭게 수립했고 10여 개 사업부의 부장들과 팀장들에게 사업별 비전과 전략, 그리고 목표를 수립하도록 했다. 2개월 후, 각 사업부의 리더 70여 명이 대회의실에 모였다. 먼저 회사의 비전이 발표되었다.

"3년 후, 매출 1,000억 원을 달성하자."

매출 1,000억 원은 과거 영광의 재현을 의미했다. 이제 사업부별로 지난 몇 년간의 손익 현황과 고객과 제품/서비스의 시장 동향 분석, 전략 계획을 발표했다. 그런데 자료에 한 가지 이상한 점이 있었다. 전사와 사업별 목표 옆에 또 다른 목표가 있었다. 전사의 비전 1년 차 목표가 650억 원이라면, 이 숫자 옆에 500억 원이라는 또 다른 숫자가 적혀 있는 식이었다.

"비전 목표는 말 그대로 비전이고요. 실제 가능한 목표를 적었지요. 직원들도 다 압니다. 이 정도만 해도 잘한 겁니다."

그러고 보니 지난 3년간 이 회사는 500억 원을 달성하지 못하거나 심지어 달성한 다음 해에도 또 목표를 500억 원으로 세웠다. 마치 구성원들 뇌리에 '목표는 500억 원'이라고 자리 잡고 있는 것 같았다.

현장의 팀장들은 저성장기, 불황기에 시장 상황이 어려울 것 같으면 목표를 낮춰야 한다고 주장한다. 고객들이 줄어드는 어려운 상황인

데, 그나마 잘 해낼 수 있는 목표로 하향 조정해야 한다는 것이다. 유지도 도전이라고 주장한다. 그렇게 사업부장들과 이른바 협상을 해서 목표를 수립하고는 연말에 하향 조정된 목표를 100% 달성한다. 그러면 회사는 목표 달성에 성공한 것이고, 구성원들의 사기는 높아질까? 조직은 적자가 누적되는 지경에 이르렀는데도 구성원들은 "목표 매출을 달성했으니 보상을 달라"고 요구하는 갈등 상황만 발생할 뿐이다.

변화로 이어지지 못하는 목표, 이제는 달라져야 하지 않을까?

왜 OKR인가?

우리나라 5대 대기업에 속하는 S그룹의 계열사 CEO를 만났다.

"OKR을 도입하려고 해요. 많은 직원이 다람쥐 쳇바퀴 돌리듯이 매일 많은 일을 반복하고 있는데, 제대로 하는 건지 모르겠어요. 무엇을 향해 가고 있는지 보이지 않고 측정되지도 않고요. 목표와 과정이 선명한 회사로 바꾸고 싶어요. 일하는 방식과 문화를 단순하게 바꾸고 생산성을 높이고 싶은데, OKR이 이런 지향점에 맞는 것 같아요."

최근 큰 투자를 유치한 지식 공유 플랫폼 스타트업 CEO도 OKR의 필요성에 대해 다음과 같이 말했다.

"최근 조직이 빠르게 성장하고 있습니다. 작년까지 30여 명이었는데, 100명 정도로 커졌습니다. 하지만 빠르게 성장하는 과정에서 여러 가지 문제가 생겼어요. 가장 큰 문제는 조직적으로 생각이 통일되지 않고, 소통과 협업은 더 어려워지고 있다는 거지요. 이런 상황에서 OKR을 알게 되었는데, 지금 상황에 딱 필요하다고 생각했습니다."

유명 여행 스타트업 HR 책임자는 "CEO와 경영진들이 OKR 철학과 원칙에 공감하여 OKR을 도입하기로 했고, 그 첫 단계로 팀별 OKR을 수립했어요. 수립할 때는 좋았는데, 시간이 갈수록 목표를 잊어버리고 있어요. 어떻게 하면 구성원들이 우선순위에 집중하면서 OKR을 잘할 수 있을지 고민입니다"라고 말했다.

한국의 몇몇 스타트업들이 OKR을 실험적으로 도입해서 사용했다는 이야기를 들었던 때가 2015년쯤이었다. 2018년 하반기부터 OKR은 한국 기업들에 본격적으로 알려지기 시작했고, 이제는 대기업들까지 OKR 도입 흐름에 합류하고 있다. 기존 기업들은 평가 중심의 성과관리 방식에 한계를 경험하고 있고, 스타트업들은 실리콘밸리 기업들과 한국 유니콘 기업들의 성공스토리에 자주 등장하는 OKR을 궁금해한다. 정체된 성장에서 벗어날 돌파구, 성장을 가속화할 방법을 찾는 기업들이 늘어나고 있다.

네 명의 혁신가들

도대체 기업들은 왜 OKR을 도입하려는 것일까? OKR을 하면 무엇이 달라질까? OKR을 이해하기 위해 먼저 만나봐야 할 사람들이 있다.

첫 번째는 프레더릭 테일러Frederick W. Taylor로, 현대 기업경영의 역사에서 20세기 전반부에 가장 큰 영향을 끼친 인물이다. 테일러는 근로자의 작업 동작을 과학적으로 연구하여 불필요한 행동이나 절차를 제거하고 표준화했다. 그에 따른 작업 시간을 산출하여 근로자에게 표준 작업량을 결정하여 부과함으로써 기업의 생산성 향상에 크게 기여했다. (피터 드러커는 그의 저서 《프로페셔널의 조건The essential Drucker on individuals》에서 '테일러리즘Taylorism'으로 불리는 그의 '과학적 관리의 원칙'을 도입한 국가들의 생산성은 매 18년마다 두 배씩, 거의 50배 가까이 증가했다고 말했다.)

테일러 방식Taylor system, scientific management은 당시 기업들의 생산량 향상에 큰 도움이 됐다. 표준화로 더 빠르고 더 많은 생산을 가능하게 함으로써, 산업혁명과 세계 전쟁 전후의 대규모 물자 조달 필요를 충족할 수 있었다. 또한 표준화된 생산방식은 당시 교육 수준이 낮은 노동자들도 쉽게 작업방식을 익힐 수 있게 했다. 테일러 방식은 대단한 혁신이었지만, 안타깝게도 기업 경영에 부정적인 영향도 끼쳤다. '사람은 보상을 위해 일한다'는 관점이 바탕이 되다 보니 통제방식이 수직적이었고, 표준 작업량 달성을 위한 자극으로 보상을 사용한 것이다.

테일러 방식의 유산은 오늘날까지 경영 현장에 이어져 오고 있다. 테일러가 이를 의도하지 않았다고 해도 말이다.

두 번째 인물은 피터 드러커Peter F. Drucker다. 드러커는 테일러 방식이 기업의 생산성을 크게 증가시켰다는 점은 인정했지만, 새로운 방식을 제시했다. 고객의 니즈는 빠르게 변하고 이에 대응하기 위한 기업의 기능과 과업 또한 다양해졌다. 무엇보다도 교육 수준이 과거와 비교할 수 없을 정도로 높아진 상황에서 근로자를 통제하는 테일러 방식으로는 더 이상 생산성을 증가시킬 수 없었다. 이에 드러커는 생산성을 높이는 데 있어 가장 중요한 자원은 바로 사람Human resource이며, 사람들이 보유한 지식이라고 보았다. 이 '사람'(근로자)들이 자발적으로 자신의 과업으로 조직의 목표 달성에 기여하는 것을 경영이라고 말했다. 드러커는 이것을 '목표와 자기통제에 의한 경영Management by objective and self-control'이라고 말했다. 우리에게 익숙한 단어인 'MBO'가 여기에서 시작됐다. 그러나 우리가 일반적으로 알고 있는 MBO는 드러커가 말한 '목표와 자기통제에 의한 경영'의 MBO와는 다르다. 조직의 목표를 이해한 근로자들이 자기 과업을 통해 자발적으로 조직의 목표에 기여하는 의미인 드러커의 '자기통제'가 테일러의 '수직적인 통제'로 대체되면서, MBO는 안타깝게도 '목표와 통제 도구'인 MBO로 왜곡되어 버렸다.

"내가 《경영의 실제》에서 처음 만들어낸 해부터 MBO는 널리 쓰이는 표어가 되었다. 수많은 문헌에서 사용되었고, 수많은 경영 교육 과정, 세미나에서 주제로 다루었으며, 심지어 영화에서도 사용되었다. 수백 개 기업에서 목표관리를 정책으로 채택했지만, 몇몇 기업만이 진정한 자기통제 원칙을 따랐다. '목표와 자기통제에 의한 경영'은 표어, 기술, 심지어 정책 이상의 것이다. 이것은 말하자면 근본적인 원칙이다."

- 피터 드러커, 《피터 드러커의 매니지먼트》

테일러와 드러커의 MBO는 다르다. 목표에 의한 경영에는 두 가지 방식의 MBO가 존재하는데, 하나는 목표와 수직적 통제의 결합이고, 다른 하나는 목표와 자기통제의 결합이다. 이것이 성과관리의 역사적인 두 가지 흐름이다. '자기통제 개념이 없는 MBO'는 수직적인 통제 시스템으로 작동한다. 이 통제 시스템이 작동하고 강화되는 방법은 당근과 채찍 개념의 차등 보상밖에 없다. 이러한 차등 보상의 근거를 결정하는 평가를 성과관리의 핵심과정으로 운영한다. 테일러 방식의 MBO에서 목표(O)는 큰 성과를 만들기 위한 도전의 대상이 아니라, 평가를 위한 기준이 되어 버린다.

또 다른 성과관리의 흐름, 목표와 자기통제의 결합인 MBO는 어떻게 흘러왔을까? 이를 알기 위해 우리가 세 번째 만나 볼 인물은 인텔의 CEO였던 앤디 그로브(앤드루 그로브)Andrew S. Grove다. 그로브는 피터 드러커의 경영 사상과 원리에 영향을 많이 받은 사람이었다. 그는 드러커가 말한 '목표와 자기통제에 의한 경영'의 의미를 정확히 이해했고, 이를 바탕으로 '인텔의 MBO인 iMBO(OKR의 전신)'를 만들었다. 그로브는 기업이 성과를 만들기 위해서는 작업의 수행 여부를 통제하는 것이 아닌 동기부여가 중요하다고 보았다. 사람들은 '우리 모두가 어디를 향해 가고 있는지'와 '우리가 어떻게 잘 가고 있는지'를 알 수 있을 때 동기가 발현된다고 생각했다. 그래서 '우리가 향하는 곳'인 목표Objective와 '잘 가고 있는가'를 알 수 있는 마일스톤milestone인 핵심결과Key Results라는 구조의 성과관리 시스템을 만들었다. 이것이 OKR의 전신인 iMBO(인텔의 MBO)다. iMBO의 운영방식은 '목표는 높게 제시하되, 달성은 철저히 근로자 스스로 책임지고 조직 목표에 기여할 방법을 결정할 수 있도록 해야 한다'는 드러커의 자기통제 원칙을 구현하려고 노력했다.

또한 그로브가 iMBO에 담고자 했던 것은 매슬로Abraham Harold Maslow의 욕구 피라미드 중 최상위 욕구인 '자아실현 욕구'였다. 한번 충족되면 사라져 버리는 네 가지 욕구와 달리, 자아실현 욕구는 더 높은 수준의 성취를 향해 계속해서 도전하게 만든다. 조직은 구성원으로 하여금 자아실현을 멈추지 않고 꾸준히 이어갈 수 있는 환경을 조성해 주면 된다. 그로브는 이 자아실현 욕구를 발휘하는 환경을 만들기 위해

두 가지를 강조했다. 첫째는 측정 가능한 '결과'다. 자아실현 욕구 충족의 수준을 알아야 하기 때문이다. 둘째는 '결과 수준'이다. 결과 수준이란, 도전 수준을 말한다. 매번 쉽게 달성하는 미약한 도전 수준에서는 자아실현 욕구가 발휘되지 않는다. 실패 확률이 50%에 가까운 높은 도전 수준이야말로 자아실현 욕구를 발휘하게 만든다. 자아실현 욕구를 고취하는 환경이자 목표와 자기 통제에 의한 경영, 이것이 OKR의 기반이다.

● 테일러 MBO와 드러커 MBO 비교

	테일러 방식의 MBO	드러커 방식의 MBO(그로브의 OKR)
성과(생산성) 원인	작업환경과 행동의 표준화 수직적 통제	사람과 지식(지식 근로자) 자발적 기여
사람과 동기 관점	보상을 통한 동기부여(외적 동기)	일의 목적, 성과, 성취(내적 동기)
목표 수립 목적	보상 결정 평가의 기준	성과 창출과 자아 실현을 위한 도전의 대상
목표 수립 방식	할당과 지시	조직목표 이해, 스스로 기여목표 수립

마지막으로 알아야 하는 사람은 존 도어John Doerr다. 도어는 인텔의 OKR이 전 세계 수많은 기업들에게 전해지도록 만든 장본인이다. 1970년대 중반 인텔에 입사했고, 그로브에게 오늘날의 OKR인 iMBO 시스템을 배우고 직접 그 효과를 경험했다. 이후 투자회사 클라이너 퍼킨스Kleiner Perkins의 투자가로 활동하면서, 자신이 경험한 OKR을 많

은 기업들에게 소개했다. 재밌는 사실은 당시에는 보상 목적의 평가 중심 성과관리가 대세인 시대였다는 점이다. 대표적인 예가 GE의 '10% 룰'이다. '10% 룰'이란, 직원들을 20%의 최고 인재, 70%의 중간 인재, 10%의 하위 인재로 구분하여 하위 10%를 해고하는 방식으로 조직에 활력을 불어넣는 방법을 말한다. GE의 급성장을 이끈 잭 웰치Jack Welch가 1981년부터 사용한 상대평가 '10% 룰'은 당시 마이크로소프트를 비롯한 전 세계의 수많은 기업으로 퍼져 나갔다. 그런데 왜 도어는 시장을 이끄는 대기업들의 시스템이 아닌 OKR을 소개했을까? 왜 그가 투자한 실리콘밸리 스타트업들에게 OKR을 알려 주었을까? 투자가로서 큰돈을 투자한 기업들이 성공하기를 바랐다면, GE와 같은 성공 기업들 사이에 유행하던 방식을 알려주는 것이 더 안전하지 않았을까? 존 도어는 이 OKR이 성과를 창출하는 방식이라는 사실을 확신했던 것이다. 심지어 당장 성과를 내지 못하면 망할 수 있는 스타트업에게도 말이다.

진정한 성과관리

성과관리를 성과평가라고 생각하는 사람들이 많다.

"OKR은 평가가 아닌데……."

'OKR은 진정한 성과관리'라는 내 말에 자주 돌아오는 반응이다.

성과관리에 대한 정의는 다양하다. '목표하는 성과를 얻기 위해서, 효과적으로 자원과 과정과 결과를 관리하는 것'이라는 다소 딱딱하고 오래된 정의가 있고, 구글에서 'Performance Management'로 검색했을 때 가장 먼저 나타나는 다음의 정의도 있다.

"성과관리란 조직의 전략적 목표 달성을 지원하기 위한 리더와 직원 간의 지속적인 커뮤니케이션 프로세스다. 기대치와 목표를 설정하고, 피드백을 제공하고, 결과를 검토하는 커뮤니케이션 프로세스를 말한다."

이 외에도 많지만, 여러 정의들의 핵심들을 모아서 다음과 같이 단순하게 정리할 수 있다.

"성과관리란 목표하는 성과를 창출하기 위한 커뮤니케이션 과정이다."

이 문장 속에는 '목표'와 '성과 창출', '커뮤니케이션', 그리고 '과정'이라는 단어가 있다. 이 정의를 기준으로 성과관리를 3단계로 말할 수 있다.

- 첫째, 창출하고자 하는 성과 목표를 수립한다.

- 둘째, 목표 달성(성과 창출)과정에서 집중적이고 효과적으로 커뮤니케이션한다.
- 셋째, 목표한 성과를 창출했는지 결과를 리뷰한다.

이 세 과정 모두를 충실하게 진행하는 것을 성과관리라고 한다. 그러나 지금까지 대부분 조직의 성과관리에서는 세 번째 과정인 평가만 강조되었다. 그러다 보니 성과관리를 잘하기 위해서 항상 '어떤 지표를 사용할 것인가?' '어떻게 성과를 더 정교하게 측정할 것인가?' '상대평가를 할 것인가? 절대평가를 할 것인가?' 등만 논의해 왔다. 앞에서 언급한 테일러 방식의 수직적인 통제 시스템하에서는 평가가 통제의 도구로 성과관리의 중심에 자리한다. 이렇게 평가만 강조되면 목표는 도전의 대상이 아닌 평가의 기준이 된다. 그뿐만 아니라 성과 창출 과정의 코칭과 상시 피드백 같은 커뮤니케이션은 소홀해진다.

이에 비해 OKR은 이루고자 하는 도전 목표를 담은 조직의 OKR이 수립되고, 조직원 전체가 이 OKR에 기여한다. 실행 과정에서의 적극적인 시도를 지지하고 지원하는 커뮤니케이션이 이루어진다. 창출한 결과를 리뷰하고 피드백하면서 그다음의 OKR을 수립하고 다시 도전한다. OKR이야말로 성과를 창출하는 진정한 성과관리라 할 수 있다.

목표는 어떻게 탁월한 팀을 만드는가

구글이 자신들의 일하는 방식이나 HR 제도 등을 공유하는 사이트인 리워크re:Work에서 다음과 같은 프로젝트를 소개했다. 과거 2012년부터 2016년까지 사내 조직 문화 개선 프로젝트인 아리스토텔레스 프로젝트다. 이 프로젝트 이름이 아리스토텔레스인 이유는 고대 그리스 철학자 아리스토텔레스가 남겼던 '전체는 부분의 합보다 더 크다'는 명언 때문이라고 한다. 4년에 걸쳐 전 세계의 180여 개 팀을 면밀히 조사하면서 부분의 합 이상의 성과를 내는 팀의 비밀 다섯 가지를 찾아냈다. '일 잘하는 탁월한 팀의 다섯 가지 특징'은 심리적 안전psychological safety, 상호 의존dependability, 구조와 명확성structure and clarity, 의미meaning, 영향력impact 이다. 이 내용은 이미 여러 자료와 책, 기사 등을 통해 많이 알려져 있다.

그런데 이 '탁월한 팀을 만드는 다섯 가지 요소'들은 모두 '목표'와 연결되어 있다.

첫 번째 특징인 '심리적 안전'은 두 가지로 정의할 수 있다. 하나는 조직에서 자유롭게 의견을 말할 수 있는 것이고, 다른 하나는 실패에 대한 용인이다. 여기서 중요한 것은 모든 실패가 용인할 수 있는 것은 아니라는 점이다. 목표가 기존 수준과 비슷하거나 무난하게 달성이 예상되는 목표에서는 실패를 용인할 수 없다. 현재 수준을 유지하는 정도의 낮은 목표라면 실패 시 회사의 위기를 초래할 수 있다. 이런 목표는 반드시 달성 그 이상을 해야만 한다. 그러므로 실패 위험을 감수하는 것은 목표가 도전적일 때만 가능하다.

두 번째 특징인 '상호 의존'은 팀원들이 서로 신뢰하면서 제시간에 일을 완성하고, 높은 기준(탁월함)의 목표를 추구하는 것을 말한다. 도전적이고 해내기 벅찬 목표를 지향할수록 혼자 할 수 없고 함께 해결해야 한다. 쉬운 일은 혼자 해결할 수 있지만, 어렵고 도전적인 목표일수록 신뢰를 바탕으로 한 상호 의존이라는 기반이 필요하다.

세 번째 특징인 '구조와 명확성'은 팀원이 팀의 성과(결과)와 자신의 분명한 역할과 기대, 달성할 프로세스까지 명확하게 이해하고 있는 것을 말한다. 구글은 이것이 바로 목표를 수립하고 커뮤니케이션하는 'OKR'이라고 명쾌하게 언급하고 있다. 구조와 명확성은 OKR을 OKR답게 사용하는 것이라고도 말할 수 있다.

네 번째 특징인 '의미'는 현재 하는 업무와 팀 성과 속에서 목적의식과 같은 의미를 발견하는 것을 말한다. 즉, 목표의 의미를 구성원들 역시 의미 있게 공감하는 것이다. 앞에서 언급한 목표에 의미가 있어야 한다는 내용을 다시금 기억하자.

마지막 특징인 '영향력'은 목표를 추구하면서 주도적으로 일한 결과가 기존과 다른 차이를 만들고, 조직에 기여하는 것을 의미한다. 목표가 의미 있는 결과로 실현될 때, 진정한 영향력을 경험한다. 수동적이고 안정적인 목표로 이전과 비슷한 결과를 만드는 데 익숙해지면 영향력을 경험하기 어렵다.

탁월한 팀은 결국 목표가 탁월한 팀이라는 사실이 분명해진다. 이것이야말로 OKR을 해야 하는 충분한 이유가 아닐까?

KPI와 OKR은 공존할 수 있을까?

앞서 살펴본 것과 같이 OKR은 드러커가 말한 원래의 MBO라고 할 수 있다. 그렇다면 또 다른 질문이 떠오른다. OKR과 KPI는 무엇이 다를까? OKR은 성과를 창출하는 진정한 성과관리인 반면, KPI는 원래는 핵심성과지표Key Performance Indicator를 뜻하지만, 통제적인 테일러 방식에 따른 평가 도구의 대명사로 사용되어 왔다.

전사 단위로는 KPI로 관리하고, 팀 단위는 OKR을 하는 기업들을 만난 적이 있다. KPI 조직이 OKR로 전환하는 과정에서 시도해볼 만한 방법일 수 있다. 그런데 어떤 조직은 KPI와 OKR을 같이 잘 쓰고, 어떤 조직은 잘 못 쓰는 것을 볼 수 있었다. 이는 단순히 'KPI냐? OKR이냐?'의 비교 문제가 아니다.

한 중견기업에서 전사와 임원 단위 조직은 기존의 KPI로 운영하고, 팀과 팀원들만 OKR을 도입했다. "전사와 임원 단위에서는 왜

OKR을 하지 않습니까?"라고 담당자에게 물어보니, OKR을 도입할 당시 '우리(OKR 추진 팀)가 감히(?) 임원들에게 OKR 방식으로 변화를 요구할 수 있을까?' 하는 생각이 들었다고 했다. 결국 임원들은 과거처럼 KPI를 사용하고, OKR 도입 변화는 팀의 몫이 되었다.

당시 이에 대해 나는 OKR이 잘 작동하지 않을 수 있다고 조언했었다. 몇 분기 동안 그 조직은 외부에 OKR로 조직이 변했다고 홍보했지만, 사실이 아니었다. 몇 달 후 조직의 다른 담당자가 연락이 와서 처음에 우려했던 것처럼 OKR이 작동하지 않았다고 고백했다. 결국 그 기업은 사업부 단위로 임원이 참여하는 OKR로의 변화를 시도하기로 결정했다. 다시 연락을 받았을 때 내가 담당자에게 가장 먼저 한 질문은 이것이었다.

"임원의 우선순위와 팀의 우선순위가 계속 일치했나요?"

담당자의 대답은 "아니오"였다. 무엇이 문제였을까? 성과관리의 두 흐름이 서로 충돌한 것이 문제였다.

전략 방향을 설정하고 리드하는 임원과 실행하는 팀 조직은 우선순위인 OKR에 함께 집중하고 전념해야 한다. 그런데 만약 팀의 우선순위 목표와 그 팀의 평가자인 임원의 우선순위가 다르다면, 팀 우선순위와 다른 임원의 지시사항이나 요구사항이 충돌하게 되고 팀원들은 자신들의 OKR에 집중하기 힘들어진다. 이 상황에서 팀과 팀원은 자신들의 OKR보다 평가자인 임원의 지시사항을 무조건 더 우선할 수밖에 없다. 이런 우선순위 충돌이 반복될수록 팀원들에게 OKR은 중요도가 낮아지고 형식적으로 하게 된다. 일하는 방식, 성과를 창출하는 운영체제는 조직의 임직원 모두에게 동일해야 한다. 하나의 조직에는 하나의 운영체제(일하는 방식, 성과관리 방식)를 적용하는 것이 좋다.

한국 기업들이 어려워하는 이유

OKR이 한국 기업들에게 소개된 지 불과 몇 년 되지 않았다. OKR을 잘하는 조직들도 있지만, 대다수의 조직들은 어려움을 호소한다. OKR을 시도했다가 실패했다는 기업도 있다. 왜 OKR이 어렵게 느껴졌거나 실패했을까?

B사의 인사팀장 K로부터 연락이 왔다. 이 기업은 지금까지 10년간 MBO라는 이름의 '평가 제도'를 운영해 왔고, 전사부터 개인까지 연초에 KPI에 목표 값을 작성하고 연말에 KPI별 목표 달성도로 상대평가를 시행하고 있었다. 그런데 주변 기업들이 OKR에 관심을 갖는 것을 보고 OKR 도입을 검토하기 시작했다. 팀원들과 OKR 관련 책을 읽고, 유튜브에 있는 OKR 영상들을 다 찾아보았다. 그 결과 OKR을 이해하기는 했지만 이론적으로 들리기도 하고, 결국에는 지금 하고 있는 KPI와 비슷한 평가가 될 것 같은 생각이 들었다고 한다. '과연 우리 회사에

OKR 도입이 가능할까?'하는 고민으로 내게 연락해 온 것이다.

Q 회사 내부적으로 평가 제도를 개선해야 한다는 필요가 오래전부터 있었습니다. CEO께서도 말씀하셨고, 구성원들의 요구도 컸죠. 새로운 변화에 대응하고 도전하자고 하는데, 현재의 평가는 안 맞는다는 거죠. 이런 고민 중에 OKR을 알게 되었어요. 실리콘밸리나 스타트업들이 많이 사용하는 만큼, 변화와 도전에 적절하다는 것은 증명된 것 같아요. 그런데 기업에서 OKR로 평가하면 과연 변화에 잘 대응하고, 도전도 더 잘할 수 있을까요?

A 팀장님 회사 외에도 한국의 많은 기업들이 OKR을 새로운 평가 제도로 도입하려고 합니다. 실제 어떤 조직은 CEO가 "앞으로 우리 회사는 새로운 평가 방식으로 OKR을 사용하기로 했습니다. 앞으로는 분기별로 목표를 수립하고, 목표 달성률로 평가하고 보상하겠습니다"라고 말하고, 새로운 평가 도구로 OKR을 도입했습니다. 이 조직은 어떻게 되었을까요?
1년을 했는데, 잘 안되고 있습니다. OKR로 평가하겠다고 하니, 구성원들은 열심히 OKR 수립을 했어요. 당연하겠죠? 담당자의 'OKR 작성률 100%'라는 보고에 CEO와 경영진들은 OKR을 성공적으로 도입했다고 생각했어요. 그런데 딱 여기까지였어요.

1년 동안 네 번을 했는데도 OKR 효과는커녕 구성원들의 불만이 더 커졌습니다. 1년에 한 번 하던 평가를 네 번씩이나 하니 가뜩이나 바쁜데 OKR 수립과 평가에 많은 시간을 쓰는 것이 힘들었던 거죠. 더 큰 문제는 OKR을 평가라고 생각하니, 달성률 걱정에 목표를 야심차고 도전적으로 수립하지 못했어요. 목표가 도전의 대상이 아니라 평가의 기준이 되어 버린 거죠. 꼭 이루고 싶은 것을 목표로 세워야 하는데 OKR로 평가를 하면 처음에는 조금 높은 목표를 수립하는 것처럼 보이지만, 점점 예전과 비슷한 목표로 돌아가게 되더라구요.

Q OKR로 평가하면 변화에 대응하고, 도전하는 것을 목표로 수립하기 어려워진다는 말씀에 충분히 공감이 됩니다. 또 다른 질문이 있는데요. 개인 평가를 위해 도입을 검토하다 보니, 팀원 OKR 수립부터 시작하려고 합니다. 이 방법은 어떤가요?

A 매우 중요한 포인트를 짚어주셨네요. OKR로 평가한다고 하면, 당연히 평가받는 사람이 OKR을 하는 것으로 생각합니다. 안타깝지만 이는 정반대 접근입니다. OKR은 조직 공통의 우선순위 목표에 조직 구성원 모두가 집중하는 것입니다. 당연히 OKR은 개인이 아닌 조직의 OKR을 수립하는 것부터 출발해야 합니다.

구성원들은 조직의 목표를 이해하고, 자신이 기여할 내용을 자신의 OKR로 수립하는 것이죠. 질문하신 방법인 팀원 OKR 수립부터 시작하는 것은 OKR을 평가로 활용하는 기업들이 공통적으로 하는 실수라고 생각합니다. 평가자인 리더분들이 조직의 OKR을 먼저 수립하지 않고, 피평가자인 팀원들부터 OKR을 하도록 하는 것은 올바른 OKR 수립 방법이 아니라는 점을 기억하시기 바랍니다.

Q 오랜 기간 동안 KPI를 평가로 사용해 온 기업들에게 OKR 도입이 쉽지만은 않을 것 같네요. OKR을 잘할 수 있는 방법이 있을까요?

A 쉬운 방법이 아니라 잘할 수 있는 방법을 물어보셔서 좋습니다. OKR 도입에는 정답은 없지만 먼저 피해야 할 오답을 아는 것이 중요한 것 같습니다.
OKR이 잘 안되거나 실패하는 원인 중 또 다른 하나는 OKR을 업무관리 도구로 생각하는 겁니다. 제가 만난 몇몇 조직들은 OKR을 개인 업무관리 툴로 이해하고 있었어요. 업무관리 툴로 OKR을 이해하면 현재 하고 있는 업무를 모두 기록하고 관리하는 식으로 OKR을 하게 됩니다. 이렇게 하는 이유는 목표한 결과를 만들어 내는 것보다 맡겨진 업무를 시간 안에 문제없이 잘 처리하는 것을 더 중요하게 생각하기 때문이죠. 리더들 또한 부하들이 맡은 과제를 누락하지 않고 실행하도록 꼼꼼하게 관리하는 것을 리더의 역할이라고 생각해요. 이런 업무관리형 OKR을 하면 거의 예외 없이 생기는 문제가 있습니다. OKR을 열심히 했는데도 조직에 아무 변화가 일어나지 않는다는 거예요. 목표에 도전하는 과정에서 새로운 업무를 시도하면서 크고 작은 변화를 만들 수 있는데, 현재 업무 리스트를 완수하는 것에 집중한다면 현재 상태를 유지하는 데 그치겠죠.

Q 저도 OKR을 공부하면서 인터넷에서 본 OKR 양식에 간단히 적어 보았는데 업무 리스트처럼 적었던 것 같네요.

A 업무관리형 OKR을 하는 기업들의 OKR 도입 과정을 보면, 대부분 'OKR이 무엇이고, 왜 해야 하는지' 제대로 알기 전에 방법만 신속하게 배우고 바로 실행한 경우가 대부분이었습니다. OKR 양식에 현재 업무를 기록하고 바로 실행에 돌입한 거죠.

Q 저희 회사가 OKR에 실패하지 않기 위해서 더 알아야 하는 오답이 있을까요?

A 한국 기업이 잘못 실행하거나 실패하는 세 번째 이유는 조직 문화를 바꾸려는 노력 없이 OKR만 이식하려고 하기 때문이에요. 어떤 조직은 협업보다 경쟁을 중시하는 문화를 유지하면서 OKR을 하려고 했어요. 도전을 위한 협업이 잘 안되더라구요. 또 어떤 조직은 수직적인 상명하복의 문화 속에서 리더가 팀원들의 업무를 일일이 지시하는 업무 방식으로 진행하려고 했어요. 상호 간의 의견 교환이 아니라, 일방적인 지시와 보고 형식이 되어 버렸어요. 구성원들은 새로운 아이디어를 생각할 여유 없이 지시받은 일을 빨리 처리하는 데 급급했어요. 이런 상황에서 구성원들이 멋진 도전을 OKR에 담는 것은 상상도 못합니다. OKR이 잘 실행되려면 조직 문화를 변화하려는 노력이 함께 이루어져야 합니다.

Q 문화까지요? OKR이 정말 만만한 게 아니군요? 과연 우리나라 기업이 할 수 있을까 하는 걱정이 드네요.

A 팀장님처럼 걱정하시는 분들이 적지 않아요. 그럼 저는 이렇게 물어보곤 합니다. “현재의 수직적이고 통제적인 문화를 유지하면 조직이 더 좋아진다고 확신하시나요?” 거의 모든 분들의 대답이 ‘NO’예요. 달리 생각해 보면 어떨까요. OKR을 하면 동시

에 조직 문화도 함께 만들 수 있으니 일거 양득 아닙니까?

Q 대표님과 이야기를 나누니 OKR이 왜 어려운지 확실히 이해가 됩니다. OKR 자체가 어려워서라기보다는 오랫동안 이어진 평가 중심의 성과관리 체계와 수직적이고 지시형의 일하는 방식 때문인 것 같습니다. 이러한 방식에 익숙해지면서 '도전보다 안전'을 지향하고, '함께보다 나(경쟁)' 중심의 문화가 생겼기 때문이라는 생각이 듭니다. 이렇게 정리를 하니 어떻게 OKR을 해야 할지 명확해지는 것 같습니다.

평가 도구가 아니다

OKR은 두 가지 요소로 구성된다. OKR의 창시자 앤디 그로브는 "목표란 '우리가 지금 어디로 가고 있는가?'에 대한 답이고, 핵심결과란 '가고자 하는 곳에 도달하기까지 어떻게 나의 진행상황을 알 수 있는가?'에 대한 답이다"라고 말했다. 목표는 우리가 성취하고 싶은 것, 되고자 하는 모습, 도착해야 할 곳을 말한다. 핵심결과는 목표를 성취했다고 말할 수 있는 구체적이고 측정 가능한 결과들이다. 혹은 목표에 도달했는지 알 수 있는 중간 단계나 이정표를 말한다.

OKR은 '경영 도구'다. 조직의 성과를 창출하는 중요한 일에 구성원 모두가 함께 집중하게 하고, 조직의 목표와 근로자의 자율적 기여로 성과를 창출한다. 목표를 이루기 위해 끊임없는 도전을 독려하고, 그를 통해 성취와 성장을 만든다. 경쟁보다 협업과 도전으로 성과를 창출하는 그 자체에 집중하게 만드는 도구다.

그래서 OKR은 수직적으로 사람을 관리 감독하고, 통제하는 체제 속에서는 잘 작동하지 않는다. 해 보고 싶은 목표가 아닌 하던 업무를 기계적으로 수행했는지 체크하는 목적으로는 작동하지 않는다. 단순히 작성하는 방법만 익힌다고 작동하지 않는다. 차등 보상을 위한 평가 도구로는 더더욱 작동하지 않는다는 사실을 꼭 기억해야 한다.

지금부터는 OKR에 실패하지 않고 OKR이 잘 작동하는 조직을 만들기 위해서 반드시 알아야 할 가치들을 하나씩 살펴보자.

O Objective(목표)		KR Key Result(핵심결과)
· 최종적으로 성취하고자 하는 것 · 우리에게 가장 중요한 것 · 달성하려는 열망과 행동을 불러일으키는 것	+	· 목표 달성을 위한 핵심결과물 · 구체적, 계량적, 기한, 측정 가능 · 목표 실현을 증명하는 결과

OKR의 세 가지 가치

우선순위로 일하는 것

1999년, 창업 2년차 스타트업 구글은 투자회사 클라이너 퍼킨스의 존 도어를 만났다. 그리고 1,180만 달러나 되는 큰돈을 투자받았다. 구글의 창업자 래리 페이지Larry Page는 그 투자와 함께 받은 선물이 있다고 밝혔다.

그것이 바로 OKR이었다. 도어는 30여 명의 구글 직원들에게 OKR을 소개하는 자료 첫 페이지에서 OKR을 이렇게 소개했다.

"OKR이란 조직 전체가 동일한 사안에 관심을 집중하도록 만들어주는 경영

도구다." 존 도어, 《OKR 전설적인 벤처투자자가 구글에 전해준 성공 방식 (이하 존 도어 OKR)》

이것이 OKR을 하는 첫 번째 이유다. 하지만 당시 많은 기업이 구성원들의 개별 업무 수행을 관리 감독하는 방식으로 경영하고 있었다. 도어는 구글이 세계적인 기업으로 성장하기 위해서 가장 우선해야 할 것을 OKR의 정의에 담아 강조했다. 조직 전체의 우선순위에 모두가 집중하고 관심을 쏟아서, 도전과 성장이라는 어려운 일들을 해내라는 것이다.

내가 여러 조직의 OKR을 리뷰하면서 발견한 공통점 몇 가지가 있다. 그중 하나가 OKR 속에 현재 하고 있거나 해야 할 수많은 업무를 다 담아 놓은 것이다. 그때마다 이렇게 질문한다. "이 모든 것이 다 중요한가요?" 대부분이 '네'라고 답한다. "중요하다고 말씀하신 이 목표 중에서 세 가지밖에 할 수 없다고 가정하고, 3개를 골라 보세요. 왜 골랐는지 이유를 말해 주세요." 내 제안을 따라 세 가지를 선택하고 집중하여 이야기를 나누다 보면 아까와 다른 반응이 돌아온다. "정말 중요한 것에 자원과 시간을 집중해야 하는데, 너무 많은 일을 하고 있었네요."

어떤 NGO가 OKR을 도입했다. 첫 3개월간 OKR을 실행한 후, 몇몇 리더들의 이야기를 들었다. "OKR은 업무관리 도구가 아니라 우리의 일 자체를 재편성해서, 우선순위에 맞춰 일하게 하는 도구라는 걸 알게 되었습니다. 조직을 운영하는 리더로서 그동안 우선순위로 일하도록 구성원들을 이끌지 못했던 걸 알게 되었고, 반성했습니다." 또 다른 리더는 이렇게 말했다. "지금까지는 가장 중요한 일이 우선순위에서 밀렸는데, OKR을 하면서 우선순위에 맞게 실행할 수 있었던 게 재미있었습니다. 또 구성원들이 우리 조직과 회사를 어떻게 생각하는지도 알 수 있었습니다."

OKR은 '모두'의 우선순위에 집중하는 것이다. '우선순위'라는 단어에 꼭 따라와야 하는 키워드가 하나 더 있다. 바로 '전념commit'이다. 집중하고 전념하는 것은 우선순위에 항상 뒤따르는 행동이어야 한다. 그렇지 않으면 말로만 강조하는 것이다. 우선순위가 많다면, 한정된 시간과 자원으로 전념하는 것은 불가능하다. 우선순위를 정할 때는 지금 하는 일들을 몇 가지로 줄여서 선택하기보다는 조직의 미션과 고객에게 더 큰 가치를 주는 영향에 초점을 맞춰서focus on impact 정하고, 현재의 일들을 이 우선순위에 맞게 정렬하는 게 좋다. OKR은 한 분기 동안 가장 중요한 몇 가지(세 가지 내외) 우선순위를 선택하는 데 더 신중해야 하고, 그 우선순위에 여한이 없을 정도로 조직의 자원을 쏟아붓겠다는 명확한 의지가 담겨야 한다. 이처럼 '우선순위'를 제대로 이해하면 구성원들이 목표에 더 공감하고, 조직의 집중도가 높아진다.

그들만의 OKR

어떤 리더가 구성원들을 모아서 "오늘부터 우리에게 가장 중요한 것은 '매출'이다"라고 말했다. '오직 매출, 항상 매출'이라는 목표를 들은 구성원들은 과연 그 목표에 공감했을까? 구성원들은 목표가 마치 "돈 벌어와~"처럼 들린다고 했다. '내가 하는 일이 중요한 일인지 잘 모르겠다'고 말하는 구성원도 있었다. 조직의 우선순위가 리더에게만 중요한 것이 되어서는 안 된다. 리더와 구성원 모두에게 중요한 것이어야 한다. 그렇지 않으면 구성원들은 목표에 무감각해지거나 반감을 가질 수 있다.

함께 일하면서 같이 성장하는 것

OKR은 조직이 집중하는 우선순위 목표에 팀이나 개인들이 자발적으로 책임을 가지고, 이 과정에서 긴밀하게 협력하는 것을 지향한다. 이것을 얼라인먼트(정렬)alignment라고 한다. 얼라인먼트를 하향식인 탑다운이라고 오해하는 사람들이 있다. 이것은 캐스케이딩cascading 혹은 워터폴waterfall 방식이다. 직원들이 자발적으로 조직에 기여할 책임이 생기기 어렵다. 지시와 요구대로 수행하기 때문이다.

50쪽 두 그림의 첫 번째 차이는 화살표의 방향이다. [그림1]은 캐스케이딩 방식으로 알려진 하향식 전달 그림이다. 목표와 실행을 위한 지시사항을 아래로 전달한다. [그림2]는 하향식으로 목표와 방향을 공유하고, 상향식으로 목표를 달성할 방법을 제안한다. 두 그림의 또 다른 차이는 구성원들의 머리 부분이다. [그림1]은 리더에게만 머리가 표시되어 있다. 반면 [그림2]는 리더와 구성원 모두 머리가 표시되어 있다. 단순히 지시를 받아서 수행하는 것(그림1)이 아니라, 스스로 생각하고 자발적으로 일함(그림2)을 뜻한다.

성과를 꾸준히 만들어 내는 사람들에게는 두 가지 특징이 발견된다. 첫째는 일단 그 일을 잘한다. 둘째는 그 일을 하고 싶어 한다. 잘하기만 해서는 꾸준하게 성과를 만들기 어렵다. 하고 싶어야 역량을 발휘할 열정이 생긴다. 이러한 관점에서 그로브는 드러커의 자기통제를 하고 싶어 하는 마음, 즉 동기라고 보았다. 이 동기의 힘이 OKR에서의 얼라인먼트다. 진정한 의미의 얼라인먼트는 구글의 OKR 20년 역사에서도 이어졌다. 구글의 전 인사 부사장 라즐로 복Laszlo Bock은 구글이 규모가 큰 기업이 되어도 여전히 OKR을 하향식과 상향식의 양방향 균형을 유지한다고 말했다.

진정한 얼라인먼트가 되려면, 조직 OKR을 정하는 과정에 실행을 책임질 사람들이 참여하고 소통해야 한다. 이렇게 목표가 정해지면 직원들이 주도적으로 목표 달성에 기여하는 책임을 가지고 아이디어를 낼 수 있다. 조직의 목표가 구성원들의 책임과 기여로 달성되는 것이

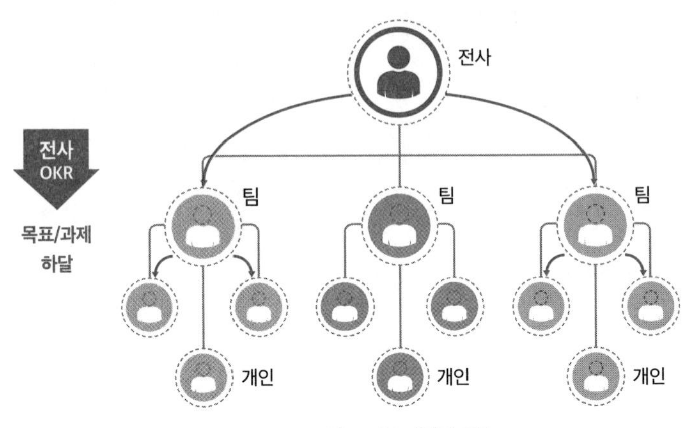

그림 1 · 캐스케이딩 조직

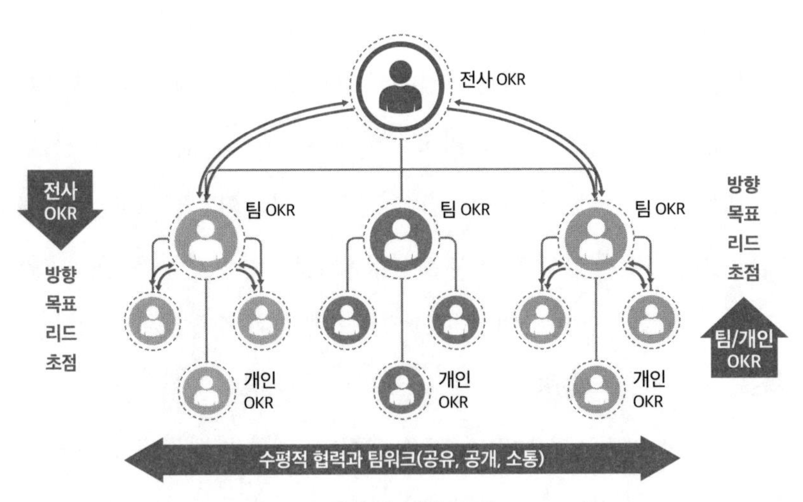

그림 2 · 얼라인먼트 조직

다. 구글의 어떤 리더는 "OKR은 얼라인먼트와 커뮤니케이션입니다"라고 단정적으로 말했다. 얼라인먼트는 커뮤니케이션과 떼려야 뗄 수 없는 관계다. 목표를 수립하고 공유하는 단계에서부터, 실행과 측정, 피드백의 모든 과정에서 소통이 일어나야 한다. (OKR 수립과 실행 과정에서 얼라인먼트를 위한 소통을 어떻게 해야 하는지는 뒤에서 자세하게 설명하겠다.)

어떤 조직들은 리더와 구성원들이 목표를 함께 수립한 후, 조직의 각 목표 단위로 TF Task Force를 구성하고, 구성원들이 도전하고 싶은 목표 단위 TF팀에 지원하는 방식으로 OKR 얼라인먼트를 실천하고자 했다. 이렇게 얼라인먼트를 경험한 구성원들은 "해 보고 싶은 일에 도전할 수 있었다. 평소 다른 팀이었던 동료들과 더 많이 소통하고, 고정 업무가 아닌 일에 나의 역량을 발휘하는 긍정적인 경험을 하게 되었다"라고 말했다.

만약 '우리 조직은 CEO나 경영층 리더들이 조직과 직원 KPI를 정해 주고, 빠르게 지시사항을 전달하여 일사분란하게 움직이는 조직을 지향한다'고 생각한다면, OKR 도입을 추천하지 않는다. 조직에 따라서는 소통보다는 일사분란하고 스피드 있는 상명하복식 지휘체계가 성과 창출에 더 효과적일 수 있다. 이런 방식도 목표를 달성하는 방법이 될 수 있기 때문이다.

내 맘대로 OKR

'내 맘대로 OKR'에는 두 가지 유형이 있다.

첫 번째는 '조직과 상관없는 나만의 OKR' 유형이다. 전사나 상위 조직의 목표와 상관없이 팀 혹은 팀원들이 지나치게 상향식으로 수립하는 OKR을 말한다. 'OKR은 상향식으로 설정한다'에 대한 오해에서 비롯된 것이다. 직원들이 하고 싶은 것만 하면 조직이 하나로 모일 수가 없을뿐더러 직원들의 수많은 노력이 분산되어 하나의 큰 결과로 이어지지 못하는 저생산성 구조가 된다. 이러한 지나친 상향식 수립이 반복되면 OKR이 '올해 책을 몇 권 읽겠다' '영어점수 몇 점을 달성하겠다'와 같은 나만의 새해 결의가 되어 버리고 만다.

두 번째는 '다른 팀과의 수평적인 협업이 일어나지 않는 오로지 나의 팀, 나의 OKR'만 하는 유형이다. OKR을 할수록 조직의 사일로silo(부서 간 벽을 치고 소통하지 않는 부서 이기주의) 현상이 사라져야 정상인데, 오히려 이 현상이 강해지는 부작용이 생긴다. 상위 조직의 OKR에 기여하면서 한 방향을 향하기보다 나의 팀, 나의 기능 수행을 우선하기 때문이다. 공통의 협력 이유인 상위 OKR에 기여할 때 수평적인 협업이 가능하다. OKR을 수립할 때는 2개 팀이나 2명 이상의 공동의 OKR을 포함하는 것을 추천한다. (수평적인 OKRShared OKR이라고도 부른다.)

의미 있는 도전과 혁신

OKR은 무엇보다 목표에 대한 이야기다. 우리는 목표를 왜 수립할까? 그야 당연히 목표를 이루고 싶기 때문이다. 얻고 싶고, 되고 싶고, 이루고 싶다는 간절함이 들어가지 않으면 목표가 아니다. '저 목표라면 이루고 싶다'는 마음이 생기려면 그 속에 의미가 담겨 있어야 한다. 조직의 목적, 존재 이유, 고객들의 문제 해결, 모두의 성장과 같은 의미가 있는 표현일수록 가슴에 와 닿는다. 자, 여기 매출 100억 원을 목표로 하는 두 회사가 있다. 구성원들에게 두 회사의 목표는 똑같은 느낌으로 다가올까?

"매년 실패했는데 올해는 꼭 매출 100억 원을 달성해 보자!"

"고객이 시장에서 누구를 기억할까요? A, B, C, D 이렇게 4개 회사를 기억합니다. 이 중 가장 고객점유율이 낮은 D사의 매출이 100억 원 수준입니다. 우리는 D사를 넘어서 고객의 기억에 들어가야 합니다. 여러분, 100억 원이라는 매출은 우리의 생존선입니다. 이 허들을 넘지 못하면, 우리는 고객의 기억에서 사라질 수 있습니다."

똑같은 '100억 원 매출'이라는 목표지만, 의미가 있는 목표는 구성원들의 마음에 전달된다. 베스트셀러 작가이자 조직 연구자인 마커스 버킹엄Marcus Buckingham은 그의 40년 연구 데이터를 담아서 만든 책 《일에 관한 9가지 거짓말Nine Lies about Work》에서 최고 기업들의 목표 설정

특징을 말하고 있다. '목표'를 단순히 위에서 지시하고 전달하는 것이 아닌, 그 속의 '의미'를 함께 전달한다는 것이다. 그렇다. 목표를 이루고 싶다면, 그 속에 의미를 담아야 한다.

목표를 수립하는 또 다른 이유가 있다. 바로 변화와 혁신이다. 목표는 하던대로 하면 얻을 수 있는 결과값이 아니니다. 좋은 목표는 이루고 싶은 결과를 지향하고, 도전하는 과정에서 기존의 방식이 아닌 새로운 방식을 고민하고 시도하게 만든다. 이런 목표 때문에 혁신이 일어난다. 이 도전이 조직과 구성원을 성장하게 만든다. 목표가 진정한 도전의 대상일 때 도전 과정에서 미달성이라는 실패를 얻어도 실패 과정에서 새로운 방식의 고민과 시도 때문에 결국에는 목표에 이르게 된다.

스타트업 B사가 2018년 대비 2019년 서비스 사용자 수 10배(다운로드 수 10만에서 100만)의 성장을 기록했다는 소식과 더불어, 2020년까지 또 다시 다운로드 수 10배(100만에서 1,000만)를 달성하겠다는 목표를 공개적으로 발표한 적이 있었다. 젊은 CEO의 패기가 대단해 보였다. 그러나 다음 말이 더 인상적이었다. '기존의 방식대로 하면 이 목표 달성까지 15년 걸린다'라는 말이었다. 목표를 세우고, 이를 추진하는 과정에서 기존 방식이 아닌 10배 목표를 향한 새로운 도전과 시도를 해 보겠다는 것이다.

중견기업 F사의 인사 임원CHO이 '현장이 원하는 우수한 인재를 어떻게 하면 적절한 때에 투입할 수 있을까?'를 고민하면서, 현재 채용을 얼마나 잘하고 있는지 진단했다. 회사가 계속 성장하고 있었기에 최고의 역량을 보유한 인재를 확보하는 것이 매우 중요한 때였다. 현장의 부서는 사람이 필요해서 발을 동동 구르고 있는데, 채용 담당자는 그저 채용 공지를 올려 두거나 헤드 헌터에게 연락한 뒤 지원자의 서류가 접수되면 면접을 진행했다. 지원자 몇 명이 불합격되고 얼마 후에 어떤 지원자가 합격했다. 이렇게 채용 요청부터 입사까지 소요되는 채용 리드타임이 평균 4개월(120일)이었다. 진단을 마친 뒤, 이 임원이 선언한 HR팀의 1번 목표는 '신속하게 우수 인재를 확보한다'였다. 그리고 핵심결과로 '채용 리드타임을 100일 미만으로 줄인다' '채용 해결 건수를 전분기 대비 2배로 올린다' '우수 인재의 조기 이탈률을 0% 이내로 줄인다'로 잡았다.

OKR 수립 후, 본격적으로 채용 방식을 바꾸기 시작했다. 헤드 헌터에게 요청하고 기다리는 프로세스를 없애고, 담당자가 적극적으로 구인구직 플랫폼에서 정보를 찾았다. 인재 후보들 중 적합한 인재라고 판단되는 사람을 다양한 경로를 통해 접촉하고 면접을 진행했다. 현장이 원하는 우수한 인재를 신속하게 채용하는 목표를 달성하는 과정에서 새로운 채용 방식이라는 변화를 얻어 낸 좋은 사례이다. 이렇듯 새로운 방법을 찾아 시도하면, 그것이 지식과 역량이 되어 성장으로 이어진다.

반면 자신이 속한 시장에서 1위에 있는 P기업의 OKR 표현 속에는 '수성한다(지킨다)' '유지한다'라는 단어가 여러 번 사용되었다. 물론 1위를 지키는 것도 매우 어려운 일이다. 그러나 '수성'이나 '유지'라는 표현은 구성원에게 새로운 도전보다 늘 하던 방식으로 열심히 하자는 의미로 전달될 수 있었다. 이에 경영진은 기존의 '수성한다', '유지한다'라는 표현을 쓰지 않기로 하고, 미션과 변화하는 고객의 니즈에 도전하는 목표로 수정했다. 작년 성과 수준을 뛰어넘는 더 나은 목표를 향해 끊임없이 혁신해 가기로 했다.

앞의 사례와는 달리 '10% 더~'유형의 목표가 있다. 많은 기업의 경영 목표에 '전년대비 10% 성장'과 같은 목표를 흔히 볼 수 있다. 사실 10% 성장이 쉬운 것은 아니다. 문제는 '10%'라는 단어가 구성원에게 미치는 영향이다. '10%'라는 단어는 조직마다 다르겠지만, 일반적으로 사람들이 도전하도록 자극을 주지 못한다. '지금만큼' 혹은 '지금보다 조금 더 하면' 될 거라는 생각이 들게 한다. 이러한 목표는 새로운 방식을 고민하게 만들기 어렵다. OKR로 유명한 구글은 '10×(10배) 문화' '문샷moonshot(달 착륙) 문화'로 유명하다. 매우 야심찬 목표를 지향한다. 왜 그럴까? 구글의 창업자이자 OKR의 도입과 정착을 이끌었던 래리 페이지는 다음과 같이 말했다.

"야심찬 목표를 세우고 이를 달성하지 못해도 우리는 여전히 놀라운 성공을 향해 달려 가고 있는 것입니다. 별을 목표로 삼았다면 그곳에 이르지 못해도 달에는 도착할 수 있습니다."

목표 달성 과정에서 혁신을 지향하는 구글의 문화는 이렇게 탄생했다. 실리콘밸리의 OKR 전도사라고 할 수 있는 링크드인의 전 CEO인 제프 와이너Jeff Weiner는 "낮은 기대치를 달성하면 빛나는 결과처럼 보일 수 있지만, 결국에는 사람, 팀, 회사를 멈추게 한다"라고 말했다. 낮은 목표를 세우고, 별다른 변화 노력 없이 달성하고 이에 만족하는 것을 경계해야 한다.

부담과 불가능은 다르다

C사는 2007년부터 2013년까지 연평균 120%의 성장을 기록하며 2013년 매출 500억 원을 돌파했다. 그러나 그후 6년간 매년 -25%의 성장률을 기록하며 몇 차례 구조조정의 아픔을 겪어야 했다. 가장 큰 매출을 책임지고 있는 팀의 팀장과 면담했을 때의 일이다.

"팀장님, 작년 목표가 100억 원이었는데, 왜 올해 목표는 70억 원인가요?"

"올해 시장이 어렵기 때문에 이 정도면 엄청 잘하는 것입니다."

그렇게 2년간 외부 상황의 어려움에 맞춰 목표를 낮춰서 수립했고, 2년만에 매출은 절반이 되었다. 지금 일하는 방식이 최선이 아님

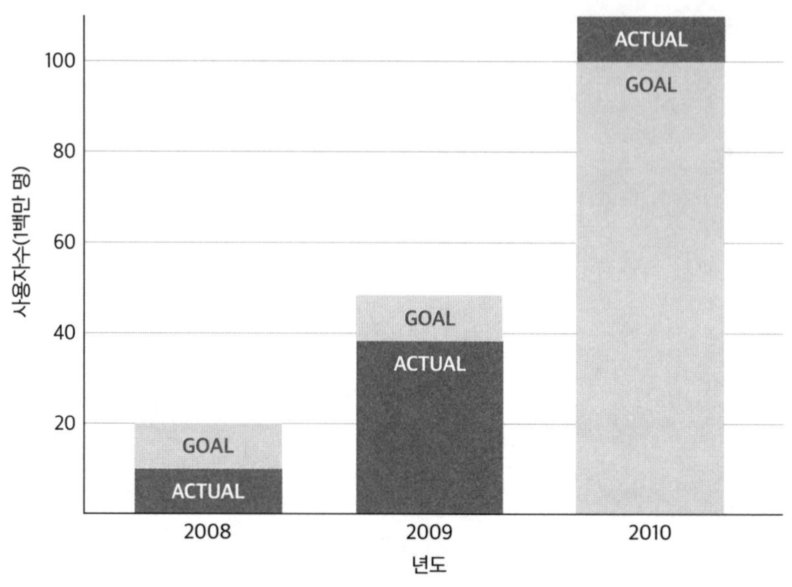

John Doerr Ted Talk 'Why the secret to success is setting the right goals'

에도 불구하고, 목표를 거기에 맞춘 결과였다.

크롬은 2008년 '최고의 브라우저를 만든다To build the best browser'는 목표를 세우고 3년으로 기한을 정했다. 핵심결과 1번을 '2008년까지 2천만 명의 사용자 수를 달성한다'로 정했다. 2008년 크롬의 사용자 수는 1천만 명에도 미치지 못했다. 당시 구글의 제품 개발 부사장으로 이 OKR의 책임을 맡은 순다르 피차이Sundar Pichai는 2009년 핵심결과를 '사용자 수 5천만 명'으로 높였다. 그해 결과는 3천 7백만 명이었다. 2010년 그는 다시 '사용자 1억 명'으로 핵심결과의 도전 수치를 상향 조정하였다. 2010년 결과는 어땠을까? 1억 1천 1백만 명의 사용자라는 결과를

● OKR을 해야 하는 이유

세 가지 가치	올바른 이해	잘못된 오해
우선순위	• 조직 전체에게 중요한 공통 사안 • 많은 일이 아니라 중요한 일에 집중	• 내 맘대로 OKR • 업무 리스트 OKR
얼라인먼트	• 위, 아래 함께 일하는 것: 하향식의 목표와 방향, 상향식의 자율적인 방법과 제안의 조화 • 좌, 우 함께 일하는 것: 협업, 수평적인 OKR	• 조직과 상관없는(직간접 기여가 없는) 나만의 OKR • 타부서, 동료와 협업이 없는 나만의 OKR
도전과 혁신	• 목표의 의미, 하고 싶은 마음 • 접근과 방법의 변화(새로운 질문, 새로운 시도, 새로운 방식)	• 도전 자극이 없는 목표 • 의미가 다가오지 않는 숫자만 나열한 목표 • '어려워도 달성 가능한'을 '불가능한'으로 착각한 목표 • 실행 과정의 변화 시도가 없는 목표

이뤄냈다.

목표는 도전을 자극한다. OKR이 부담스러우면 정상이다. 부담스러운 것과 불가능한 것은 다르다. 실패할 수 있겠지만, 그 과정에서 성장할 것이라는 기대가 있다면 멋진 목표가 아닐까?

지금까지 설명한 OKR의 가치를 구현하려면, 어떻게 OKR을 수립하고 실행해야 할까? 본격적으로 OKR 수립과 실행 단계로 들어가 보자.

OKR

GROWTH

2

이해 — 수립 — 실행 — 성공

목표를 다시 생각하기

G

R e:think

O

W

T

H

무엇을 목표로 삼을지 다시 생각하기

성장은 올바른 목표를 향할 때 가능하다

3장

좋은 목표를 담아야 OKR이다

K사는 헬스케어 분야에서 빠르게 성장 중인 스타트업이다. 여러 창업 경진대회에서 우승해 창업 아이템을 인정받으면서 해외에까지 많은 관심을 받고 있었다. 첫해 매출 10억을 달성하고 몇몇 대기업과의 콜라보 프로젝트도 생겼다. CEO는 “당시 사업성과도 좋고, 대기업들의 연락이 계속 오니 ‘목표’에 대한 생각을 못할 정도였다”라고 말했다. 정신없는 1, 2년을 보내고 난 뒤, 스무 명의 직원들에게 “이 과정에서 우리는 성장했는가?”라고 물어보니 그렇다고 대답한 사람이 아무도 없었다. “우리는 왜 성장하지 못했을까?”라는 주제로 직원들과 이야기를 하면서 얻은 답은 ‘북극성(비전, 목표)이 무엇인지도 모르고, 일만 하고 있다’였다.

그래서 직원들과 목표를 수립하기로 했다. CEO는 조직의 리더들과 몇 주 동안 매주 월요일에 목표 회의를 열었지만, 목표 수립을 못했다고 말했다. 회의 때마다 각 팀에서 생각하는 목표는 달랐다. 마케팅팀은 "앱 사용자 수를 30만으로 올린다(신규 고객 유치)"를 제안했고, 프로덕트 팀은 "사용자의 서비스 사용 시간을 올리는 것이 중요하다"고 강조했다. IT 개발팀은 "고객들의 서비스 개선 요구 사항을 처리하는데 정신이 없다"고 했다. 그다음 회의에서도 각 팀은 자신들의 목표만 이야기했다. CEO가 어떤 팀의 목표에 무게를 실어 주면, 다른 팀들은 '저 팀만 잘하면 되겠네'라고 생각했다. 목표가 계속 하나로 뭉쳐지지 않았다. K사의 CEO는 당시 회의 모습을 이렇게 회상했다.

"자기 팀 목표만 말하는 우리는 성게처럼 삐죽삐죽한 모습이었습니다. 사업의 미션과 고객 관점이 아닌 각자 자신들의 업무에서 목표를 찾으려고 했기 때문에 '우리 모두의' 목표를 못 세우고 계속 충돌이 일어난 것 같아요."

'좋은 목표'란 OKR의 세 가지 가치(2장 참고)를 담고 있어야 한다. 또한 구성원들이 OKR에 자신들의 귀한 시간과 에너지를 쏟을 만하다는 공감이 이뤄져야 한다. 이를 위해서 조직 내에서 대화와 토론 과정을 거쳐야 한다. '우리가 진정으로 추구해야 할 것이 무엇인지'를 다시 생각하는Re:think 것은 매우 필수적인 과정이다. 이 책에서는 이 시간을 '중요한 대화'라고 부를 것이다. 지금까지의 목표가 아닌 '진정한 목표',

'좋은 목표'를 발견하고 수립하기 위해 다시 생각하고 대화하는 시간이다. K사는 자신들이 혼란에 빠졌던 원인을 알았다. 그리고 목표를 다시 생각하는 '중요한 대화' 과정을 통해서 좋은 목표를 수립할 수 있었다.

목표를 위해 반드시 필요한 '중요한 대화'

"자사 임원들이 OKR 교육을 받았어요. 그런데 막상 OKR 수립을 하려고 하니, 목표 수립부터 막막하더라구요. 목표를 어떻게 수립하는 거예요?" 금융권 대기업 S사의 팀장이 나를 만나자마자 어려움을 토로했다.

플랫폼 사용자 수가 몇 백 명에서 일만 명을 돌파하면서 가파르게 성장하고 있는 스타트업 J사 CEO는 OKR을 하면서 목표 수립이 너무 어렵다고 말했다. 초창기부터 지금까지 '생존'을 외치며, 무조건 '매출'만 강조해 왔다고 한다. 그러다 보니, 매출을 기준으로 한두 가지의 정량적인 핵심결과들은 수립했는데, 문제는 목표를 어떻게 수립해야 할지 모르겠다는 것이다.

약 1년간 OKR을 해 왔던 스타트업 A사는 처음 시작할 때는 뭔가 체계적으로 바뀐 것 같고 소통도 되는 것 같아서 좋았는데, 1년간 유의미한 성과가 나지 않아서 OKR을 지속해야 하는지 고민이 된다고 했다. 그동안의 OKR을 자세히 들여다보니, 목표는 전사 실적목표만 있고 핵심결과는 팀과 팀원들의 OKR은 평소에 해 오던 업무 리스트와 다를 바 없었다. 이런 방식으로 지난 1년간 임직원들은 OKR을 수립하고 열심히 실행했다고 생각했겠지만, 사실은 종전과 다르지 않은 목표와 기존에 해 오던 일을 답습했던 것이다. 항상 똑같은 목표를 보면서 도전이나 변화를 생각한 직원들은 거의 없었다.

OKR의 원리를 제공한 피터 드러커는 "사업이 추구할 목표는 매출이나 이익처럼 단 하나의 유일한 목표로 규정할 수는 없다"라고 말했다. 그리고 어떻게 목표를 수립해야 하는지 분명하게 말하고 있다. 피터 드러커가 말하는 경영의 큰 맥락을 살펴보자.

① 기업의 목적은 고객을 창조하는 것.

② 고객/고객 가치를 정의하고 분석해야 하고,

③ 고객을 위한 활동(마케팅과 혁신)이 경영의 핵심 기능이 되어야 한다.

④ 이를 위해 일을 생산적으로 만들고,

⑤ 사람들의 목표 성취 능력을 연결한다.

OKR은 유능한 경영을 하기 위한 도구다. 유능한 경영을 위해서는 OKR을 수립하여 목표 성취 능력을 발휘하기(⑤) 이전에 추구할 목표를 검토하는(①부터 ④까지의) 단계가 있어야 한다. 경영에서 중요한 요소인 기업의 목적과 고객, 고객 가치를 만족시킬 방법을 먼저 고민해야 한다. 그래야 리더와 구성원들에게 이루고 싶은 마음이 생기고, 의미에 공감하는 좋은 목표를 수립할 수 있다.

OKR 수립 이전에 반드시 해야 하는 이 필수적인 과정이 바로 '중요한 대화'다. 예전에 구글 본사에서 근무하는 한 임원에게 이 중요한 대화를 소개한 적이 있다. 그러자 구글도 OKR 수립 전에 이런 종류의 대화를 나눈다고 말했다. 구글에서 OKR을 수립하기 전에 나누는 대화의 주제는 미션, 고객을 포함한 이해관계자stakeholders, 고객이 겪는 문제, 근본원인과 증상이라고 하였다.

드러커의 경영 원리로 보나, 실제로 OKR을 잘하는 기업의 경험으로 보나 이 중요한 대화는 목표 수립을 위한 선택의 여지가 없는 필수 과정임을 알 수 있다.

지금부터 중요한 대화에 꼭 포함되어야 할 세 가지 주제에 대해서 살펴보도록 하자.

첫 번째 주제: 미션_우리의 목적, 진정한 성공을 이야기하라

"성과란 미션의 결과물이다." -피터 드러커

미션이란 조직의 존재 이유이자 사업을 하는 이유다. 사업을 잘해서 미션을 달성하면 조직은 더 이상 존재하지 않아도 된다는 뜻이므로, 미션은 그 자체로 도전적일 수밖에 없다. 조직의 중요한 일을 판단하고 결정하는 기준이 되고, 궁극적인 도전의 대상이 된다.

다음의 미션들을 보고 어느 회사인지 맞혀 보자.

- 세상의 정보를 체계화하여, 보편적으로 접근하고 사용할 수 있게 만든다.
- 혁신적인 하드웨어, 소프트웨어 및 서비스를 통해 고객에게 최고의 사용자 경험을 제공한다.
- 전 세계 모든 운동선수들에게 영감과 혁신을 가져다준다.
- 스포츠와 스포츠 라이프 스타일에 대한 열정을 바탕으로 구축된 브랜드를 통해 스포츠 용품 업계의 글로벌 리더가 되기 위해 노력한다. 우리는 경쟁력을 높이기 위해 브랜드와 제품을 지속적으로 강화하기 위해 노력한다.
- 우리는 우리의 터전인 지구를 되살리기 위해 사업을 한다. 최고의 제품을 만들고 환경에 불필요한 피해를 일으키지 않으며 비즈니스를 통해 환경 위기에 대한 솔루션을 구현한다.
- 우리는 고객에게 가능한 최저 가격, 최상의 선택 및 최대한의 편의를 제공하기 위해 노력한다.

- 사람들이 돈을 절약해서 더 잘살 수 있게 한다.
- 인간의 정신에 영감을 불어넣고 더욱 풍요롭게 한다. 한 분의 고객, 한 잔의 음료, 우리의 이웃에 정성을 다한다.
- 우리는 고객에게 뛰어난 서비스를, 공급 업체는 소중한 파트너임을, 투자자에게는 지속적인 수익성 있는 성장의 전망을, 직원들은 엄청난 영향력의 매력을 약속한다.
- 사람들에게 공유할 수 있는 힘을 주고 세상을 더 개방적이고 가깝게 만든다.

정답은 순서대로 구글, 애플, 나이키, 아디다스, 파타고니아, 아마존, 월마트, 스타벅스, 넷플릭스, 페이스북이다. 미션만 봐도 어느 기업인지 70% 이상은 맞힐 수 있을 것이다. 이것은 그 기업이 자신들의 미션에 따라 사업을 하고 있고, 사업의 목표가 항상 이 미션을 향해 있다는 뜻이다. 목표가 미션을 향해 있다는 것은 무슨 뜻일까? 사업적인 목표와 방향을 결정하는 과정에서 미션으로 대화한다는 의미다.

예를 들어, 구글의 미션을 다시 한번 보자.

세상의 정보를 체계화하여, 보편적으로 접근하고 사용할 수 있게 만든다 (To organize the world's information and make it universally accessible and useful).

이 미션을 지향하는 조직의 사람들은 목표를 세울 때, 이런 질문을 던지게 될 것이다. '사람들이 정보에 더 쉽게 접근하고 있는가?' '아직도 그렇지 못한 이유는 무엇인가?' '무엇이 문제이고, 왜 그런가?' '우리는 무엇을 해결해야 하는가?' '어떻게 하면 지금보다 더 쉽게 정보에 접근할 수 있는가?' '정보가 체계화되어 있는가? 그렇지 못한 이유는 무엇인가? 더 체계화하려면 어떻게 해야 하는가?' 이 질문에 답하다 보면, 모두가 공감하는 간절한 목표가 나온다.

이 내용을 가지고 기업의 리더들과 대화를 했더니 다음과 같은 반응들이 나왔다. "우리가 일하는 이유를 잊고 있었다." "우리가 지향하는 미션을 목표수립할 때 한 번도 생각하지 못했다." "현재 우리가 하고 있는 일과 방법을 다시 봐야겠다." "사업에 대해서 정리를 해 보니, 내가 무슨 일을 어떻게 해야 하는지 생각할 수 있게 되었다." 등이다. 리더와 구성원들이 이런 생각을 한다면, 좋은 목표가 나올 수밖에 없다. 반면, 미션이 불분명할수록 조직은 눈에 당장 보이는 매출에만 관심을 갖게 되고, 구성원들은 가슴 뛰는 '동기'를 느끼지 못하게 될 것이다.

여러분 조직에는 미션이 있는가? 처음부터 미션을 명확하게 세우고 출발하는 기업들이 있다. 최근에는 '기존의 비즈니스를 혁신해서 세상에 새로운 가치를 만들겠다'든지, '고질적인 사회문제 해결을 통해서 어떤 변화를 추구하겠다'와 같은 미션으로 출발하는 스타트업들을 종종 만날 수 있다. 하지만 대부분의 기업들은 미션이 없거나 불분명한 상태로 출발했다. 어떤 특정한 아이템이나 사업 모델이 성공하면서 지금의 조직이 된 것이다. 그러나 매출과 직원이 늘어나는 성장의 과정을 거치면서 미션의 필요성을 절감한다는 CEO들이 많다. 왜 그럴까? 복잡하고 불확실한 변화속에서 지속적인 성장을 하려면 CEO 한 사람의 주도보다 직원들의 주도적인 도전과 협업이 필요하다는 것을 절실히 느끼기 때문이다. 직원들을 하나로 뭉치게 하는 힘은 조직의 공통분모인 '미션'이다.

만약 여러분 조직에 미션이 있다면 얼마나 중요하게 생각하는가? 이 미션이 사람들의 마음속에 살아 있는가? 사업을 하는 이유가 되고 있는가? 미션을 중요하게 생각하는 조직은 일상적인 비즈니스 대화 속에 미션이 살아 있다. 그것을 우리는 '체화되었다being embedded'고 말한다. 미션이 체화된(미션이 살아 있는) 조직은 OKR을 수립할 때 미션을 가지고 대화한다. 미션으로 대화한다는 것은 단순히 기계적으로 미션을 나열하는 것을 의미하지 않는다. 그 의미를 점검하고 질문하고 목표를 도출한다는 말이다.

"여러분의 미션은 무엇입니까? 종이에 적어 보세요"라고 질문하면 쉽게 적는 경우보다 못 적거나 같은 조직 구성원 간에도 서로 다른 문장을 적는 경우를 훨씬 많이 보았다. '우리가 왜 여기 모여서 이 사업을 하지?' '우리가 사업을 잘하면 누구에게 무엇이 좋아지지?'에 대해 각자 다른 마음으로 일하고 있는 것이다. 이렇게 불분명한 인식 속에서 오랫동안 일하면 어떻게 될까? 어떤 일이 중요하고, 일을 잘해야 하는 이유가 무엇인지에 대해서 무감각해진다. 그리고 매일 주어진 업무나 해 오던 관행적인 업무의 틀을 벗어나지 못한다. 일에 대한 내적 동기가 생겨날 수가 없다.

20년 정도된 유통 기업이 OKR을 도입하였고, 두 번째 분기 OKR을 수립할 때의 일이다. 전사 OKR 수립을 위한 중요한 대화 질문지를 담당자에게 전달했는데, 담당자가 첫 번째 질문인 미션/비전 질문을 쏙 빼고 리더들에게 전달한 것이 아니겠는가? 왜 그랬는지 물어보니, '지난번에 적었는데 귀찮게 다시 적게 한다는 리더들의 불만을 들을까 봐 제외했다고 말했다. 각 리더들이 작성한 OKR 초안들이 어땠을까? 조직이 가야할 방향을 생각하는 목표인지 자신들의 업무 목록인지 구분되지 않았다.

기억하자. 미션이 뚜렷할수록 목표도 뚜렷해진다.

OKR 연습 tip

1 미션 수립 가이드

만약 아직 미션을 수립하지 않은 조직이나 오래되어 재수립해야 하는 조직이라면, 다음의 가이드를 참조하여 새롭게 작성해 보길 바란다.

① 우리가 일하는 이유는 '누구'를 위함인가? (궁극적인 목적 대상)
② 그 '누구'의 고충과 불편의 해결이나 미치게 될 '영향'은 무엇인가? (기여할 가치)
③ 어떤 제품/서비스, 전문성, 기술/방법 등을 제공할 것인가? (차별적인 제공 가치)

위 세 가지 요소가 들어간 미션 문장을 작성한다.
㉠ (주어)는 ① (대상)에게 ② (기여 가치)를 주기 위해, ③ (제공 가치)를 만든다.
※ 순서 변동 무관

기업들 대부분은 전사 미션만 수립한다. 하지만 구글처럼 미션을 기반으로 한 목표 수립과 문제해결을 중시하는 기업들은 전사, 사업부, 팀, 개인까지 미션을 연결하여 수립하고 공유한다. 목표의 뒤에는 항상 미션이 있다.

2 미션에 기반한 '중요한 대화' 가이드

① 기여 가치 차원

우리가 해결해야 할 문제나 기여할 가치를 충분히 하고 있는가?
고객에게 어떤 일이 발생하고 있는가? 왜 그런가?
우리는 무엇을 해결해야 하는가?

② 제공 가치 차원

우리가 제공하는 제품/서비스의 기능과 품질은 충분히 탁월한가?
어떤 점에서, 무엇이 강점이고, 부족한 점인가? 왜 그런가?
우리는 무엇을 해결해야 하는가?

이렇게 미션을 이야기하고 공감하게 되면, 분기나 1년 동안 반드시 성취하고 싶은 목표를 만날 수 있을 것이다.

두 번째 주제: 고객_매출 이익보다 고객과 고객 가치를 이야기하라

"기업의 최종 목적은 영리 추구가 아니라, 고객의 창출이다.

매출과 이익은 고객 가치의 실현, 즉 고객만족의 결과다."

-피터 드러커

"내 월급과 정년은 '고객' 덕분임을 명심하자."

-K사 직원 워크숍에서 나온 의견 중

미션 다음으로 중요한 대화 주제는 '우리의 고객'이다. 기업은 고객을 위해서 존재하고, 고객이 원하는 가치를 제공해야 고객의 선택을 받을 수 있다. 이 고객의 선택만이 성과, 특히 재무적인 실적으로 이어진다. 제일 중요한 것은 우리의 고객이 누구인지 아는 것이다.

고객을 먼저 정의하자. '우리의 고객은 누구인가?'라는 질문을 리더와 구성원들이 함께 답해 보자. 처음에는 직원들의 고객 정의가 저마다 다르다는 사실을 확인하게 될 것이다. 심지어 "우리 사업은 B2C가 아닌 B2B라서 우리에게는 고객이 없다"고 자신 있게 이야기하는 직원을 만난 적도 있다. 그는 아마도 B2C의 C를 소비자인 'Consumer'가 아닌 고객을 말하는 'Customer'라고 착각했던 모양이다. 고객에 대해 리더와 구성원들이 공통의 정의를 내리는 과정은 매우 중요하다. 그래야 그 고객이 '왜 우리 제품과 서비스를 사용하는가?' '원하는 것이 무엇인가?'에 대한 답을 찾을 수 있다. 결국 우리가 알아야 하는 것은 고객이 우리 제품/서비스 구매를 결정하는 이유인 '고객 가치'다.

고객 가치를 아는 것은 비즈니스에서 가장 기본이다. 이걸 모르고 목표를 잡는 것은 어떻게 매출이 만들어지는지 모르면서 매출 얼마를 목표로 잡는 것과 같다. 왜냐하면 고객 가치를 경험한 고객이 지갑을 열어야 매출이 만들어지기 때문이다. 고객 가치는 한 가지로 정의할 수 없다. 다양한 고객 가치가 무엇인지 살펴야 한다. 특히 과거부터 지금까지의 고객 가치와 앞으로의 고객 가치들을 도출하고 각 가치에 대해서 자사의 수준과 경쟁사의 수준을 비교한 뒤 전략적으로 집중할 대상을 정해야 하는데, 그것이 목표가 된다.

고객 가치를 정의하고 분석하는 도구를 활용하면 공유와 대화에 효과적이다. '고객 캔버스(전략 캔버스라고도 하지만 이 책에서는 고객 캔버스라고 부른다)'라는 도구를 활용하면, 자사와 경쟁사가 집중하는 고객 가치가 무엇인지 시각적으로 알 수 있고, 각 고객 가치별로 우리의 강/약점이 무엇이며, 앞으로의 고객 가치 변화와 주력해야 할 점을 한눈에 볼 수 있다. 이러한 과정을 '고객에게 집중한다'고 말한다.

OKR 연습 tip

1 고객 캔버스 작성 가이드

① 고객을 정의한다. 리더와 구성원들이 함께 참여하고 같은 인식을 공유한다.

② 고객 가치(고객구매요인)를 확인한다. 업계 안에서 동종 회사들과 어떤 점에서 경쟁하고, 그들이 무엇을 준비하는지 조사하라. 현재의 고객 가치뿐 아니라, 미래 가치도 1~3개 도출한다. 약 5~10개 나열해 본다(가로축의 고객 가치).

③ 주요 경쟁사를 선택한다. 최고 수준의 경쟁사 하나 내지 필요에 따라 그 이상을 선택한다.

④ 현재 고객 가치별로 자사와 경쟁사가 얼마나 고객 가치를 충족하는지 평가하고, 미래 고객 가치 변화에 대한 대응 방향도 수립한다(그림의 자사 미래 참조).

⑤ 아래와 같이 고객 캔버스를 그린다.

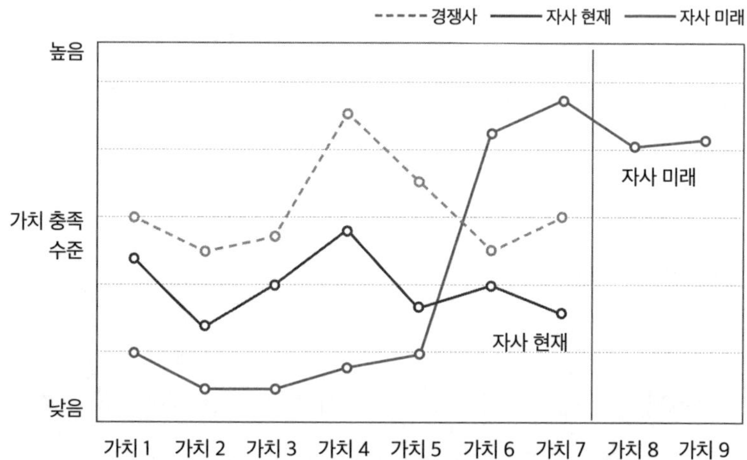

2 고객과 고객 가치에 기반한 '중요한 대화' 가이드

고객 캔버스를 통해 알 수 있는 전략적 시사점을 가지고, 아래의 질문으로 대화를 나눠 보자.

① 우리 사업의 고객은 누구인가? (최대한 구체적으로)

② 고객은 무엇을 원하는가? 왜 우리 제품/서비스를 구매하는가? (고객 가치 이해/분석 공유)

③ 이 중에서 우리는 어떤 가치를 경쟁사들보다 더 잘 제공하는가? (차별화/강점)

④ 고객들이 가장 해결되기를 원하는 문제는 무엇인가? (문제 해결)

⑤ 앞으로 고객은 어떤 가치들을 선호하게 될 것인가? (고객 가치의 변화, 기회와 위기)

세 번째 주제: 전략_어떻게 고객을 만족시키면서 성장할 것인지 이야기하라

"본질적으로 OKR은 전략과
전략을 측정하는 방법을 소통하는 좋은 방법이다."

- 딕 코스톨로Dick Costolo, 트위터 전 CEO

집중할 고객 가치를 발견했다면, 다음으로 고객을 만족시킬 전략을 고민해야 한다. 제품이나 서비스를 어떻게 개선할 것인지, 새로운 고객층을 확장할 것인지, 그리고 이 전략을 실행하기 위해서 무엇을 바꿔야 할 것인지 등 고객을 위한 변화를 폭넓게 논의해야 한다.

고객 가치 정의/진단/분석과 마찬가지로 전략 도구(전략 프레임)를 활용하면 좋다. 조직마다 경영진이나 전략 부서, 전략 기획 담당자가 활용하는 전략 도구들이 있을 것이다. 어떤 것을 사용해도 좋다. 그중에서 '고객-제품 성장 매트릭스'(앤소프 매트릭스Ansoff Matrix라고도 부른다)라는 쉽고 유용한 도구를 소개한다. 기존 제품과 신제품, 기존 고객, 신규 고객의 2×2 매트릭스에서 앞으로의 전략을 표현할 수 있다.

한 콘텐츠기업의 사업부서들과 OKR 수립을 하면서 향후 서비스 전략을 수립할 때 '고객-제품 성장 매트릭스'를 활용해서 논의해 보았다. 두 차례 정도의 수정을 거쳐서 서비스 변화 전략을 수립했고, 이 변화를 OKR에 담았다. OKR을 통한 도전은 단순히 '지금보다 얼마 더'가 아니라 미션과 고객을 위한 전략 관점으로 변하였고, 도전의 수준도 압도적으로 향상되었다. 이렇게 고객 가치를 충족하고자 하는 제품/서비스 전략을 수립하면, 사업의 변화 방향이 명확해지고, 전략에 대한 구성원들의 공감도 얻을 수 있다.

OKR 연습 

1 고객-제품 성장 매트릭스 작성 가이드

고객-제품 성장 매트릭스란 현재의 제품/서비스에 관한 전략 방향성을 수립하고 논의하는 데 효과적인 도구다.

① 기존의 제품/서비스로 기존의 고객에게 더 나은 가치(가격, 편의 등)를 제공
② 기존의 제품/서비스로 새로운 고객(시장)으로 확대
③ 기존 고객에게 새로운 제품/서비스를 제공
④ 신제품/서비스로 새로운 고객(시장)을 개척

고객-제품 전략	기존 제품/서비스	신제품/서비스
기존 고객 (시장)	시장 침투: 기존 고객 대상 기존 판매 강화 ① 예 제품 믹스, 고객 편의 강화 등 기존 제품의 신규가치 창출	제품 개발: 신제품을 기존 고객에게 판매 ③ 예 신제품 개발
신규 고객 (시장)	② 예 신규 시장(지역) 진출 시장 개발: 기존 제품을 새로운 고객에게 판매	④ 예 신규 사업 진출 다각화: 신제품을 새로운 고객에게 판매

피터 드러커는 그의 여러 저서에서 공통적으로 기업 경영의 목적에 대해서 말한다. 그것은 바로 고객을 창조하는 것이다. 고객을 창조하는 목적을 위해서 마땅히 지향해야 할 목표로 일곱 가지를 이야기했다.

① 기존 제품이 기존 시장에서 차지해야 할 목표 시장 점유율
② 기존 제품이 신규 시장에서 차지해야 할 목표 시장 점유율
③ 기존 제품 가운데 폐기해야 할 제품
④ 기존 시장에서 진출할 신제품
⑤ 신제품이 개척해야 할 새로운 시장 매출과 점유율
⑥ 마케팅 목표를 달성하고 적절한 가격 정책을 수립하기 위한 조직
⑦ 고객이 가치로 삼고 있는 것을 고객에게 얼마나 잘 제공하는지 여부

-피터 드러커, 《경영의 실제》

드러커가 제시한 고객을 창조하기 위한 기업의 근본적인 목표들과 고객-제품 전략이 유사하다는 것을 알 수 있다. 이렇게 고객과 고객 가치를 위한 제품/서비스 변화 전략을 논하는 일은 매우 본질적인 경영의 목표를 찾는 데 필수적인 과정이다.

2 전략에 기반한 '중요한 대화' 가이드

앞으로 집중할 고객 가치를 선택했다면, 그 고객 가치에서 고객을 만족시키고 압도적인 경쟁력을 확보해야 한다. 아래의 질문으로 대화를 나눠보자.

① 향후 집중할 고객 가치를 만족시키기 위해서, 우리의 제품/서비스를 어떻게 강화하거나 바꾸어야 하는가? (매트릭스상 4분면 참고)
② 어디에 우리의 자원을 더 집중해야 하는가?
③ 이를 위해 일하는 방식(프로세스)은 어떻게 바꿔야 하는가?
④ 조직 역량과 문화의 변화가 필요한가? 필요하다면 그것은 무엇인가?

'중요한 대화'를 잘하는 방법

한 물류 기업의 경영진이 '중요한 대화'의 시간을 가졌다. '고객은 왜 우리의 서비스를 이용하고, 우리에게 어떤 고객 가치를 기대할까?'를 논의하는 과정에서 배송의 '정확성(오배송 제로)'이 타사에 비해 낮다는 사실을 발견했고, 시급하게 개선해야 한다는 사실을 알았다. 정확성은 고객이 물류 서비스를 선택하는 필수적인 가치였기 때문에, 이 문제를 개선하지 않고는 어떤 다른 고객 가치도 고객에게 의미가 없었다. 물류 서비스의 정확성을 높이기 위해 입고, 포장, 출고 단위의 기능 단위 팀을 고객 단위의 입고-포장-출고 통합 팀으로 변경했고, 팀원들의 입고부터 출고까지 커버할 수 있는 역량 교육에 주력했다. 그 결과 오배송률을 낮추는 목표를 성공적으로 달성했다.

스타트업 CEO들이 공통적으로 겪는 일이 있다. 성장에 매진하는 사업 초기를 지나면, 어느 순간 사업 방향을 놓고 구성원들과 의견 충돌이 생기고 갈등을 겪는 것이다. 인원이 적은 스타트업임에도 불구하고, 중간리더나 구성원들과 중요한 대화나 유사한 주제의 대화를 나누는 CEO는 많지 않았다. 중요한 대화를 통해 미션과 고객, 시장 관점으로 서로의 생각을 맞추면, 모호했던 목표가 뚜렷해지고, 쉽게 공감대를 형성할 수 있다. 고객 중심으로 목표를 수립하니 거기에 자신들의 업무를 맞출 수 있었다는 것이 경험자들의 증언이다.

OKR을 오랫동안 잘해 온 기업들도 조직이 개편되고 외부에서 새로운 직원들이 들어오다 보면, OKR 수립 과정에서 애를 먹는다. 그래서 더더욱 이런 중요한 대화가 필요하다. 자신들의 업무에서 출발한 목표가 아닌 조직 공통의 관점, 고객 관점의 대화를 나눈 뒤 목표를 수립해야 한다.

다음 소개할 내용은 다양한 조직의 CEO, C-level(경영진)급 리더들이 중요한 대화 실행 후 나눈 소감이다.

"그동안 이런 고민을 하지 않은 채 OKR을 수립했더니, 왠지 뭔가 부족한 것 같았고 목표에 대한 확신도 없었다. 리더로서 경영에 대한 고민이 부족했고, 구성원들과도 두리뭉실하게 대화했다. 이러한 주제를 잘 정리하는 게 꼭 필요한 것 같다."

"목표를 잘 잡기 위한 시도들을 해 봤는데, 이 질문들을 통해서 잘 잡게 될 것 같다."

"이 부분을 정리해야 팀장, 팀원들과 목표에 관한 이야기를 더 잘할 수 있겠다는 확신이 들었다."

"회사 내의 개발, 디자인, 마케팅이 사업이라는 관점에서 모두 정렬이 되어야 더 큰 시너지를 낼 수 있을 것이라는 생각이 들었고, 꼭 필요한 과정이라고 생각된다."

"이 질문을 가지고 구성원들과 이야기해 보았는데, 우리가 누구인지를 정리하니 구성원들이 좋아하더라."

"목표가 미래에 대한 상상 속에서 만들어진다는 것을 알게 되었다."

'중요한 대화' 진행 순서

① OKR 수립 워크숍의 첫 순서를 반드시 '중요한 대화'로 시작한다.

② 참석자들은 워크숍 전에 미리 중요한 대화 질문을 읽고, 자신의 의견을 생각해 본다(다음 쪽의 '중요한 대화' 질문 예시 참고).

③ 진행자는 미션, 고객, 전략과 해결해야 할 문제에 대한 참석자들의 아이디어를 모으고 공유하는 방식으로 진행한다.

④ 참석자들은 다른 참석자들의 의견을 듣고, 공통의 관점에서 중요한 것이 무엇인지 느낀 바를 이야기한다. (포스트잇을 활용하는 것도 좋다. 다양한 의견들을 정리하면서 이야기하면 의견 조율에 효과적이다.)

⑤ 진행자는 여러 아이디어들을 '우리 모두에게 가장 중요한 내용'으로 의견을 모아가면서 진행한다. (모은 의견들 중에서 현재 우리가 해결해야 할 가장 중요한 것을 찾게 되면 목표 후보가 된다.)

참석자들이 단순히 자신의 아이디어나 의견을 내는 자리에 그치지 않도록 주의한다. 중요한 대화는 공통의 목표를 선택하기 위해서 하는 것이다. 그리고 그 목표에 기여하기 위한 자신의 목표를 수립해야 함을 잊어서는 안 된다.

미션, 고객, 전략 관점의 중요한 대화는 매년 1회씩, 1년 OKR을 계획하는 시점에서 진행하는 것이 좋다. 매 분기 단위 중요한 대화는 각 분기 피드백 과정과 통합적으로 이루어진다(10장 참고).

'중요한 대화' 질문 예시

1 미션

- 우리 회사의 미션은 무엇입니까? (존재 이유, 존재 목적)
- 우리가 해결하고자 하는 문제들을 해결하고 있습니까?
  - 사회/시장에서 어떤 상황이 발생하고 있습니까?
  - 우리는 무엇을 해결해야 합니까?
- 우리가 제공하는 제품/서비스의 기능과 품질은 충분히 탁월합니까?
  - 우리 제품/서비스의 강점과 부족한 점은 무엇입니까?
  - 우리는 무엇을 달성해야 합니까?

2 고객, 고객 가치

- 우리 사업의 고객은 누구입니까? (최대한 구체적으로)
- 고객은 어떤 가치들을 원합니까? 왜 우리 제품/서비스를 구매합니까?

- 우리는 어떤 가치를 경쟁사들보다 잘/덜 제공해 왔습니까? (성공/차별화/강점 요소)
- 고객들이 가장 해결되기 원하는 문제는 무엇입니까?
- 앞으로 고객은 어떤 가치들을 선호하고 필요로 하게 될까요? (고객 가치 변화, 기회 발견)

3 전략

- 우리의 제품/서비스를 어떻게 강화하거나 바꾸어야 합니까?
- 무엇에 우리의 자원을 더 집중해야 합니까?
- 이를 위해 일하는 방식(프로세스)은 어떻게 바꿔야 합니까?
- 역량과 조직 문화의 변화가 필요합니까? 필요하다면 그것은 무엇입니까?

우리 팀은 미션이 없는데요

미션, 고객, 전략 관점의 중요한 대화는 사업 단위의 OKR을 수립하는 전사 단위나 사업부 단위의 중요한 대화에 해당한다. 반면 하위 조직인 기능 단위 팀이나 프로젝트 팀은 다른 유형의 중요한 대화를 나누는 것이 좋다. 전사나 사업부 조직 OKR에 기여하거나 팀이 당면하고 있는 문제해결 관점의 중요한 대화를 나눈다. 팀 단위의 중요한 대화는 5장의 '팀 OKR 수립 가이드'에서 자세히 다루도록 하겠다.

조직에 스몰 토크를 활성화하라

전문가 지인들과 함께 진행하고 있는 프로젝트가 있다. 스타트업들이 미션과 가치에 맞게 조직 문화를 만들면서 성과를 창출하는 건강한 조직이 되도록 지원하는 프로젝트다. 이 프로젝트는 건강한 조직을 만들기 원하는 기업들에게 유용한 콘텐츠와 가이드라인, 툴킷 등을 만들고, 도움을 주는 가치 있고 신나는 일이다. 프로젝트 팀은 정기적으로 온오프라인에서 만나 주제를 가지고 토론하고 결과물을 만든다. 모임을 시작하고 끝낼 때마다 다양한 이야기를 주고받는다. 개인의 가치관, 여러가지 에피소드, 직간접의 다양한 경험들, 심지어 우스갯소리들까지 나누다 보면 가끔은 옆길로 빠지기도 하지만, 이런 다양한 스몰 토크들 덕분에 마음이 열리고, 함께 가는 방향과 사명과 의미에 서로 공감하게 된다. 그러면 중요한 주제에 대한 자신의 생각과 의견을 공유하는 것이 한결 편하다. 무엇보다 다양한 스몰 토크 속의 이야기들이 중요한 대화들이었다는 사실을 깨닫기도 한다.

4장

모든 일이 아니라 중요한 것을 담는다

OKR 수립 과정은 두 가지로 말할 수 있다. 하나는 목표Objectives와 핵심결과Key Results의 OKR을 수립하는 것과 또 하나는 전사에서 본부로, 본부에서 팀으로 단계별로 정렬alignment하여 수립하는 것이다. 이 장에서는 OKR의 목표와 핵심결과 수립에 관해서 이야기해 보자.

목표 수립: 목표는 선택과 집중하는 대상

중요한 대화를 진정성 있게 했다면, 이제 OKR 수립의 절반 이상을 한 것이나 마찬가지다. 모두의 관점과 초점을 모으는 대화를 통해 뚜렷한 목적지와 지도가 생긴 것이다. 중요한 대화 이후, OKR 기간(분기부터 년까지)에 조직 전체가 가장 절실하게 성취해야 할 것이 무엇인지 선택하자. '미션에 한 걸음 가까이 갈 수 있는 것이 무엇인가?' '고객이 겪는 어떤 문제를 해결해야 하는가?' '고객을 어떻게 만족시킬 것인가?' '제품/서비스 개발인가? 기존 생산 방식이나 일하는 방식의 변경인가?' '조직의 역량을 구축할 것인가?' '조직 문화를 개선할 것인가?' 등 다양한 변화와 성취의 대상 중 가장 중요한 것을 세 가지 내외로 선택한다. 그것이 목표가 된다. 규모와 조직 구조, 소통 방식 등을 고려하여 조직에 맞는 방식으로 목표를 수립하는 것이 좋다. 아래의 간단 워크숍 가이드를 참고하길 바란다.

목표 수립 간단 워크숍 가이드

1 중요한 대화 후 OKR 기간 동안 집중할 대상 아이디어 제안하기

- 조직의 목표로 무엇을 선택할지 참가자들은 각자 최대 세 가지까지 의견을 제시한다. '우리 조직이 이것 하나(혹은 세 개)만 이번에 해낸다면 후회 없는 성공이다'라고 생각하는 것을 적어 본다.
- 포스트잇에 적어서 진행자가 지정하는 곳에 붙인다.
- 자신의 아이디어와 다른 동료들이 제안하는 아이디어들을 공유한다.

② 목표(초안) 최종 선택

- 진행자의 진행에 따라 목표 아이디어들을 공유하면서 참가자들이 목표를 충분히 이해한다.
- 공유와 설명 후, 참가자들은 두 가지 기준으로 공감 투표한다.

  ① 미션과 고객 가치에 가장 의미 있는 것은 무엇인가?(도전하고 싶은 마음이 생기는 것)

  ② 성장에 가장 크게 영향을 주는 것은 무엇인가?
- 세 가지 내외로 최우선순위 목표를 정한다.

  여러 조를 나누어 워크숍을 진행한다면 조 단위로 목표를 세 가지씩 정해서 발표/공유한 뒤, 다른 조의 목표 중 공감가는 목표에 투표하는 방식으로 목표 초안을 세 가지 내외로 좁힌다.

③ 최종 목표 확정

- 해당 OKR의 최종 의사결정 책임을 지는 리더는 그 자리에서 참가자들의 의견에 따라 정해진 우선순위 목표를 최종 목표로 선택할 수 있다. 혹은 최고 책임 리더로서 숙고를 거쳐 최종 목표를 확정한다.
- 워크숍에서 결정된 초안과 다르게 목표를 수정한다면 이에 대해 충분히 설명하고 대화한다.

이렇게 조직 공통의 목표들이 탄생한다. 리더의 일방적인 결정에 의해서가 아니라, 조직의 리더와 구성원들이 '함께 만든' 목표를 설정하는 것이다.

성장 목표 유형과 사례

중요한 대화를 통해 수립할 수 있는 조직과 사업의 성장을 만드는 목표 유형 10개 사례를 소개한다. 물론 이 10개 유형이 전부가 아니다. 유형의 예들을 참고해서 각자 조직에 맞는 좋은 목표들을 찾길 바란다. 참고로 다음의 예시 문장들에는 목표를 수식하는 미사여구를 일부러 반영하지 않았다. 목표를 수립할 때 구성원들의 마음을 움직일 수 있는 '특별한 미사여구'를 가미한다면 더욱 좋을 것이다.

목표 유형 1: 미션 지향

어느 교육 서비스 기업의 미션은 '보다 많은 사람이 우리가 제공하는 교육 서비스를 편리하게 이용하고 성장을 경험하게 한다'였다. 중요한 대화를 통해 고객들이 겪고 있는 문제들을 분석한 결과, '서비스 이용 편리성'에 초점을 맞추자는 공감대가 형성되었다. 그리고 목표를 '더 편리한 고객 경험을 제공한다'로 정했다. 이 외에도 미션 그 자체를

OKR로 수립하는 경우도 있다. 식품 스타트업 W사는 "고객에게 건강한 식사 경험을 제공한다"는 목표를 세웠다. 하지만 가능하면 미션과 목표를 일치시키기보다는 미션을 향한 과정의 이정표가 목표라는 점을 기억하고, 미션의 특정 요소나 특정 기간을 고려한 목표를 수립하는 것이 좋다.

목표 유형 2: 고객 확장, 고객만족

고객 관련 목표는 어느 기업의 목표에서도 빠지지 않는다. 사업의 성공은 제품/서비스를 통해서 고객을 얼마나 만족시키고, 새로운 고객을 얼마나 확보하느냐에 달려 있다. 따라서 '더 많은 고객이 서비스를 이용하도록 만들자.' '(연령대 등) 신규 고객을 확보하자.' '고객을 만족시키자.' '(만족을 뛰어넘어) 고객을 기쁘게 만들자.' '고객이 사랑하는 브랜드가 되자' 등과 같은 목표를 세울 수 있다.

목표 유형 3: 고객 가치 재고, 제품/서비스 개선

고객 가치에는 가격, 편의성, 접근성, 신속함, 정확성 등 다양한 고객 구매 요소들이 포함되어 있다. 고객의 가치나 니즈는 계속 변한다. 이에 발빠르게 대응하는 것이 생존을 좌우한다. 기업들이 애자일 방식으로 일할 수 밖에 없는 이유다. 이러한 환경에서 대표적인 목표 중 하나가 '제품/서비스 개선'이다. '○○ 서비스의 품질을 획기적으로 개선한다'와 같은 목표를 세우고, 빠르게 개선한다. 핀테크 스타트업 T사는 고객의 하루 방문 데이터와 활동, 구매 데이터 등을 면밀하게 분석하면서 가입 후 이용 고객과 미가입 이용 고객 사이의 거래율에 차이가 없다는 것을 발견했다. 한 걸음 더 들어가 보니 거래 고객의 불만 중 상당 부분이 가입절차의 불편함과 관련이 있었다. 그래서 미가입상태의 거래율이 높았던 것이다. 이에 따라 '고객이 더 쉽게 이용할 수 있는 서비스가 된다'를 목표로 세웠다.

목표 유형 4: 특정 프로젝트의 성공

사업 환경은 빠르게 변하고 있다. 기업들은 새로운 정보나 변화에 빠르게 대응하기 위해서, 즉각적이고 임시적이며 독립적인 프로젝트를 추진한다. 프로젝트는 상시 업무와 달리, 목표와 계획, 일정이 명확하다. 그래서 OKR과 매우 잘 어울린다. 앤디 그로브도 인텔이 모토로라로부터 시장 1위를 빼앗아 오기 위해서, 프로젝트 '크러시 작전'을 만들고 '8086을 최고 성능의 16비트 마이크로프로세서 제품군으로 만들기'라는 목표를 수립하여 성공시켰다. 특정 프로젝트의 명확한 목표를 OKR의 목표로 삼는다. 예를 들어 '신규 서비스 런칭 프로젝트를 성공시킨다'라든지 '브랜딩 리뉴얼 프로젝트로 새롭게 태어난다'와 같은 목표 등이다.

목표 유형 5: 사업 전략의 변화

코로나19는 생활뿐 아니라 비즈니스에도 큰 변화를 몰고왔다. 오프라인 중심의 기업들은 큰 타격을 받았고, 반면 온라인(비대면) 서비스를 제공해 왔던 기업들은 때아닌 특수를 경험했다. 헬스케어 기업 K사는 국내에 코로나19 확진자가 늘면서 상황이 심각해지자 오프라인 사업장의 매출과 고객 방문 수 등의 목표를 중단하고, 온라인 비대면 서비스 개발 목표와 기존 고객의 만족도 향상과 사업의 질적인 변화를 추구하는 것으로 목표를 수정했다. 목표 중 하나는 '비대면 온라인 시장을 개척하자'였다.

목표 유형 6: 업무 프로세스 변화

물류 기업 A사는 코로나 19가 유행하는 상황에서 주문량이 늘었지만 코로나 이전과 같은 속도로 고객에게 배송하기로 하였다. 물량 증가에도 불구하고, 이전과 같은 처리 속도를 내기 위해서는 물류 프로세스의 개선이 필요하다는 사실을 알았다. 이를 위한 목표로 단순히 '물류 프로세스를 개선하자' 보다는 '고객들이 기대하는 시간에 서비스를 받게 하자'라는 의미를 담은 목표를 세웠다.

뿐만 아니라 지원 부서의 목표들에 업무 프로세스 변화 목표들이 많은 편이다. 예를 들어 재무팀은 항상 정확하면서도 신속한 자금처리와 결산처리가 중요하다. 그래야 자금이 잘 돌고, 정보가 빠르게 전달된다. 어느 기업의 재무팀은 빠른 결산 처리로 다음 달의 경영 의사 결정을 더 신속하게 하는 데 기여하기 위해 '결산 정보를 더 신속하게 제공한다'라고 목표를 수립했다. 속도와 관련된 목표의 핵심결과 속에는 속도 증가로 인한 정확성의 오류가 발생하지 않도록 균형을 맞추는 핵심결과를 함께 고려해야 한다.

목표 유형 7: 역량 확보

빠르게 성장하는 기업에게 필요한 것은 뭐니뭐니 해도 '사람'이다. 얼마나 빠르게 역량 있는 인재를 확보하는지가 사업의 성공과 실패를 좌우한다. 특히 스타트업이나 성장의 속도가 빠른 기업의 OKR에 꼭 하나씩 있는 목표가 바로 '최적의 인재를 적기에 확보'하는 것이다. 이때 꼭 기억할 것이 있다. 앞서 언급한 F사 인사 임원의 채용 리드타임 목표와 채용 프로세스의 변화 사례를 기억하는가?(55쪽 참고) 채용이나 목표 유형 6에서 언급한 상시 운영 업무들은 항상 반복하는 업무들이다. 이 업무들을 OKR의 목표에 그대로 담아서는 안 된다. 문제 해결이나 더 잘하기 위한 변화를 목표로 수립해야 한다. 어떻게 하면 꼭 필요한 분야의 최고 인재를 확보할지 목표로 고민하고, 새로운 채용 방법들을 시도해 보자.

목표 유형 8: 조직 문화/일하는 방식의 변화

OKR을 해야 하는 이유와 OKR로 일하는 방법에 대해서 들은 경영자들은 '우리 조직도 OKR로 일하는 방식을 바꾸겠다'고 말한다. 건설 분야의 P 기업은 팀 간 소통과 협업이 잘 안되고 있었다. 그러던 중 리더들은 OKR의 얼라인먼트 개념과 유튜브 사례(48, 125쪽 참고) 이야기에 큰 감동을 얻었다. 그래서 이 기업은 전사 OKR 1번을 '조직 공통의 목표로 일하는 조직이 된다'라고 정했다. 최근 조직 문화에 대한 관심이 높아지면서, OKR 목표에도 조직 문화와 같은 단어가 자주 등장한다. '○○ 문화를 만들자'와 같은 목표들이다. 이 외에도 조직 문화와 관련된 목표들은 '소통 문화를 강화하자.' 'OKR로 일하는 문화를 만들자.' '효율적인(간소하고 집중적인) 조직 문화를 만들자.' '직원들이 주도적으로 일하는 문화를 만들자.' '협업 문화를 구축하자.' '입사하고 싶은 기업 10위 내에 진입하자' 등이 있다.

목표 유형 9: (스타트업) 투자금 확보

스타트업은 돈이 필요하다. 당장 일할 사람이 필요하고, 프로덕트 개발도 필요하고, 고객 확보를 위한 마케팅 투자 등 필요한 것이 너무나 많다. 그래서 여러 지원 사업에 도전하거나, 투자 라운드에 뛰어든다. 전사 OKR에는 '시리즈 B 투자를 유치한다.' '투자금 100억 원을 유치하자'와 같은 투자 유치와 관련된 목표들이 등장한다. 생존을 위해 가장 중요한 목표이기 때문이다. 하지만 이건 모든 직원이 직접적으로 기여하는 목표는 아니니다. 대표와 관련 C-level급의 OKR이지만, 전체 구성원에게 효과적으로 공유하기 위한 목표이다. '투자금 00억 원 유치'를 목표가 아닌 핵심결과로 설정할 수도 있다. 어느 스타트업 CEO에게 투자 유치를 통해 진정으로 달성하고 싶은 것을 목표로 정해 보라고 하니 '안정적인 성장 기반을 확보한다'와 같은 멋진 목표를 수립했다. 그리고 '투자금 얼마 유치'와 '성장하는 팀을 구축한다' '특정 제품을 개발한다'를 핵심결과로 수립했다.

목표 유형 10: (모든 조직의 단골 목표) 매출, 수익 등의 실적

매출이나 수익은 기업이 존재하는 목적은 아니니다. 그러나 기업의 생존과 지속적인 운영을 위해 반드시 필요한 조건이다. 매출은 기업의 존재 목적으로서 목표가 되지는 못하지만, 생존을 위한 목표는 될 수 있다. 1부에서 '목표에 의미가 있어야 한다'와 같은 '매출 100억 원 달성'이 좋은 목표인 경우와 안 좋은 목표인 경우의 사례를 참고하도록 하자 (53쪽 참고). 의미를 담아서 우리는 '매출 얼마를 달성하자.' 또는 '흑자전환 원년을 만들자.' 등의 실적과 관련된 목표를 세울 수 있다. 뿐만 아니라, 영업 조직의 목표에는 반드시 매출이 포함된다. 매출 목표도 유형 9번의 투자금 확보 목표와 마찬가지로 돈을 벌어야 하는 이유를 목표로 설정하고, '매출 얼마 달성'을 핵심결과 중 하나로 수립할 수 있다.

핵심결과 수립: 행동이 아닌 결과로 증명한다

"OKR을 수립할 때, 가장 어려운 과정이 무엇인가요?"라는 질문에 "핵심결과 수립에 어려움을 겪는다"는 응답이 가장 많다. 실제 수많은 OKR 리뷰를 통해서도 확인할 수 있는데, 핵심결과로 보기 어려운 것들이 허다했다. 핵심결과 수립은 어렵다. 아니 '어렵다'라는 표현보다는 '익숙하지 않다'는 표현이 맞을 것 같다. 지금까지는 목표를 세우고 나면, 실행 과제나 To-do 리스트를 바로 작성했는데, '명확하고 구체적이며 측정 가능한 결과'를 작성해 보라고 하니, 익숙하지 않은 것이다. 그러다 보니 익숙하지 않은 핵심결과 대신 익숙한 실행 계획을 작성하는 경우가 많다. 먼저 핵심결과가 무엇인지 정확히 살펴볼 필요가 있다.

핵심결과는 목표 성취의 구체적인 증거다. 목표가 도전의 대상을 의미한다면, 핵심결과는 정량적인 도전 값을 가진 도전 수준을 말한다. 핵심결과들을 달성하면, 목표를 이루었다고 말할 수 있어야 한다. 그렇지 않다면 핵심결과를 잘못 도출한 것이다. 중요한 결과를 빠뜨렸거나 결과들의 도전 수준(값)을 낮게 설정한 것이다.

핵심결과는 구체적이어야 하고, 측정 가능해야 한다. 또한 가설적이다. 목표가 가본 적이 없는 미래의 모습이기 때문이다. 그러므로 그 미래를 설명할 결과는 당연히 가설적일 수밖에 없다. 흔히 결과값을 설정할 때 "그 결과를 지금 어떻게 알 수 있느냐?"라는 질문을 받기도 한다. 가설적이라는 점을 유념해서 "이 정도 결과면 목표가 달성되었다고 볼 수 있다"라고 가정하고 결과값을 수립한다. 핵심결과는 말 그대로 활동이 아닌 결과여야 한다.

핵심결과에 자주 등장하는 잘못된 표현들

활동 표현 유형 1: 측정/진단/분석한다

- 고객만족도를 측정한다: '고객을 만족시키자'라는 목표를 세우고 나면, 고객을 만족시켜서 얻는 결과인 고객만족도 점수를 생각할 수 있다. 그런데 지금까지 고객만족도를 측정한 적이 없다면 "일단 고객만족도 측정부터 하자"라며 아무렇지도 않게 핵심결과에 '고객만족도를 측정한다'라고 적는다. 또는 '고객만족도 진단 설문을 만든다'라고 적는다. 고객이 만족했다는 결과는 고객만족도 점수라는 명확한 결과로 측정되어야 한다. 그런데 이 결과를 위해 고객만족도 진단 설문을 만들거나 고객만족도 측정이라는 활동을 하는 것이다.
- 조직을 진단한다: '더 좋은 조직 문화를 만들자'라는 목표의 핵심결과로 흔히 이러한 핵심결과를 작성하는 경우가 흔하다. '조

직을 진단한다'는 것은 활동이다. 왜 조직을 진단할까? 구성원들이 얼마나 만족하고 있는지 알기 위함이다. 또 어떤 개선을 해서 조직 내 만족도나 몰입도를 높여야 하는지 알기 위함이다. 조직 문화가 좋아졌다는 것을 증명하는 결과는 '조직을 진단하는 행동'이 아니라, '조직 문화가 달라졌다는 것을 확인할 수 있는 결과'여야 한다. 예를 들어 구성원 간 소통의 빈도 증가, 피드백 빈도나 만족도 상승, 고충상담 빈도 증가, 해결 건수와 만족도 상승처럼 조직 문화 변수들과 같은 것들이다.

- 고객구매패턴을 분석한다: 위에서 말한 '측정한다', '진단한다'와 마찬가지로 '분석한다'도 활동을 의미하는 동사이다. 왜 고객구매패턴을 분석할까? 고객구매패턴을 분석해서 어떤 결과를 기대하기 때문이다. 바로 고객의 구매가 늘어나는 것이다. '고객 재구매율을 (현재 값)에서 (변화 값)까지 증가시킨다'와 같은 핵심결과가 적절하다.

활동 표현 유형 2: 몇 회 __한다

- 유관부서와 3회 미팅한다: 얼핏 보면 측정 가능해서 좋은 핵심결과처럼 보인다. 측정이 가능한 '3회'라는 표현 때문이다. 하지만 행동을 측정하는 것도 행동이다. 3회 미팅이라는 행동들을 통해서 얻는 결과를 핵심결과에 적어야 한다. 유관부서와 왜 미

팅을 많이 해야 하는지 생각해 보면 '결과'를 금방 알 수 있다. 만약 3회 미팅을 통해 멋진 사업계획서를 수립하고자 한다면, 결과는 '언제까지 사업계획서를 완료한다'가 되어야 한다.

활동 표현 유형 3: 추진/강화/개선/고도화한다

핵심결과에 많이 등장하는 표현들이다. 특히 조직의 지원부서 OKR에서 많이 나타난다. 지원부서는 필요 과제를 기획하고 수행하다 보니 이런 표현들이 익숙하다. '무엇을 추진/강화/개선/고도화해 보겠다'고 단순히 대상(무엇)만 명시하면 방향만 있고, 구체적인 결과가 없는 반쪽짜리 결과가 된다. 예를 들어 '디지털 마케팅을 추진하겠다'고 대상만 명시하면 디지털 마케팅 관련한 뭐라도 하겠지만, '얼마나 잘했는지' '무엇을 달성했는지' 측정할 수가 없다. '디지털 마케팅'이라는 대상을 추진하여 '구독자 수 00명을 확보하겠다'와 같이 '대상'과 '얻고자 하는 결과'를 함께 명시해야 한다.

구글의 한 임원은 10여 년간 구글에서 OKR을 해 왔지만, 자신도 모르게 결과가 아닌 활동을 적는 경우가 있다고 한다. 뿐만 아니라 직원들과 OKR 미팅을 하면서 결과가 아닌 활동들을 발견할 때가 있으며, 그때마다 일일이 점검하면서 활동 표현들을 측정할 수 있는 결과로 맞춘다고 한다. 꾸준히 OKR을 해 온 그 임원도 늘 활동 중심에서 결과 중심으로 OKR을 수립하기 위해 애쓰고 있는 것이다. 독자 여러분도 이 책을 참고해서 활동 중심에서 결과 중심으로 OKR을 수립하기를 바란다. 앞서 소개한 활동 표현 유형뿐 아니라 수많은 활동이 OKR에 포함되어 있을 수 있다. 그럴 때마다 좌절하지 말고, 활동들을 결과로 바꾸는 방법을 사용해 보자. "이런 활동들을 잘하면 어떤 결과가 있을까?"라고 질문하고, 그 대답이 되는 결과에 도전 수치를 포함해서 핵심결과로 바꾸면 된다.

● 활동 표현의 핵심결과를 결과 표현으로 바꾸는 법

활동/행동 중심의 표현 (X)	결과 중심 표현으로 전환 "이 활동들을 잘하면?"	결과 중심의 표현 (O)
고객만족도를 측정한다. 조직을 진단한다. 고객구매패턴을 분석한다.	측정/진단/분석을 하는 궁극적인 이유는 무슨 결과를 얻고자 함인가?	고객만족도 00점을 달성한다. 직원만족도 00점을 달성한다. 고객재구매율을 00%에서 00%로 증가시킨다.
유관부서와 3회 미팅한다.	유관부서와의 3회 미팅을 통해서 얻고자 하는 결과는?	○○사업계획서를 언제까지 완료한다.
디지털 마케팅을 추진한다. (강화/개선/고도화한다.)	추진 대상: 디지털 마케팅을 추진해서 얻고 싶은 결과는?	온라인 ○○채널 구독자수 ○○명을 확보한다.
온라인 자사몰을 활성화한다.	활성화 노력을 통해 얻고 싶은 활성화된 결과는?	월간활성 사용자수MAU를 ○○만 명에서 ○○만 명으로 늘린다.
지원한다.	일상적 업무는 OKR에서 제외. 만약, 타 팀/동료의 OKR을 지원하는 것이라면, 공동의 OKR로 참여	협업팀과 같은 OKR, 다른 이니셔티브(테스크, 활동)

핵심결과 수립 방법

1단계: 목표 정의하기 (목표 달성을 좌우하는 변수들)

핵심결과 수립의 첫 단계는 목표를 정의하면서 출발해야 한다. 이것은 '목표를 이룬다는 것'이 무엇인지 생각해 보고, 수학 공식처럼 '목표 = 요소1 + 요소2 + … + 요소N'으로 정의해 보는 것을 말한다. 이미 비즈니스에는 많은 공식들이 존재한다. '수익 = 매출 - 원가 - 비용' 정도는 누구나 잘 안다. 예를 들어 '수익을 흑자 전환한다'라는 목표를 세웠다고 치자. 매출액을 얼마 늘리고, 원가를 유지하거나 얼마나 낮추고, 비용을 얼마나 절감하면 수익의 흑자 전환이 실현된다는 계산이 나온다. 하지만 현실은 수학처럼 딱 떨어지지 않는다. 어떤 조직은 '사업의 성장 = 매출액 + 판매량 + 영업이익'으로 정할 수도 있고, 어떤 조직은 '사업의 성장 = 이용고객 수'로 정할 수도 있다.

목표의 정의는 사업의 성격에 따라 조직마다 다를 수 있으므로, 리더와 구성원들이 목표를 공식화하는 것이 가장 좋다. 목표를 정의하는 것은 전략적 능력이자 성과 창출 능력이다.

구글의 전 인사부사장 라즐로 복은 그의 책 《구글의 아침은 자유가 시작된다》에서 검색 품질을 00% 개선한다는 목표를 세웠을 때, '검색 품질 00% 개선한다'는 목표를 원하는 검색을 얻는 '검색의 품질'과 빠르게 검색 결과를 얻는 '검색의 속도'로 정의했다. 이렇게 목표를 정의했다면, '사용자가 찾는 검색 결과 일치도를 00%까지 높인다'와 '평균 검색 속도를 00% 더 빠르게 한다'와 같이 핵심결과를 수립할 수 있을 것이다.

중소기업 L사는 '○○ 업계의 스타벅스가 된다'는 문장과 같이 목표를 수립하였다. 그리고 '자사몰 회원수 00만 명 달성', 'A판매 0만 개 달성', '품절률 제로'를 핵심결과로 정했다. 목표인 '스타벅스가 된다'를 어떻게 정의한 것일까? '스타벅스가 된다'의 의미를 매니아 고객층과 대중성, 품질의 균일함, 뛰어난 서비스 등의 요소로 정의했고, 각 요소에 기반해서, 자신들의 사업 요소에 적용하여, 핵심결과를 선정한 것으로 보였다. 이처럼 목표를 잘 정의하면 핵심결과를 잘 수립할 수 있다.

2단계 ①: '도전적인 목표'의 도전 수치 정하기

목표를 몇 가지 요소로 정의했는가? 그렇다면 각 요소에 현재 수치start value와 도전 수치end value를 정해야 한다. 어떻게 정할 수 있을까? 도전 수치가 어느 정도여야 도전적이라고 할 수 있을까? 도전적인 수치를 정할 때는 두 가지를 고려하자. 첫째, 역량과 자원을 최대한 투입하여 노력한 수준을 70% 정도가 되도록 하고, 이를 기준으로 100%가 되는 수치를 도전 수치로 설정한다. 둘째, 현재의 일하는 방식에 변화를 주어야 하는 수준을 도전의 최저 수치로 설정한다. 앞에서 말한 70%가 이 일하는 방식 변화의 최저 수준과 일치하도록 한다.

예를 들어, 만약 '고객을 만족시킨다'는 목표를 정의하는 요소 중 하나인 '고객만족도'의 현재 수치는 6.3점일 때, 도전 수치를 어떻게 결정할까. 최대한 노력을 쏟았을 때 7.5점까지 달성 가능하다고 판단했다면, 이 7.5점이 70%가 되는 100%인 8.0점이 도전 수치가 된다. 이 7.5점은 현재의 일하는 방법으로 최선을 다한 수준이다. 그 이상(7.5점과 8.0점 사이)에 도전하려면 새로운 시도를 해야 한다. 7.5점은 70%이자 일하는 방식 변화를 시도하는 기준선이 된다. 핵심결과는 '고객만족도를 현재 6.3점에서 8.0점으로 끌어올린다'가 된다.

2단계 ②: '반드시 완수해야 하는 목표'의 마일스톤 정하기

모든 목표가 도전적인 목표일 수는 없다. 어떤 목표는 반드시 100%를 달성해야 할 것도 있다. '○○ 시스템을 분기 내에 개발한다'가 목표라면, 이러한 목표를 70% 달성하는 것은 미완성일 뿐이다. 70% 완성된 결과물을 고객에게 제공할 수 없기에 0%나 마찬가지다. 100% 달성 목표(필수적인 목표)까지 과정에서의 핵심적인 중간 결과물 세 가지 내외를 정해서 '각각 언제까지 완료한다'와 같이 수립한다.

목표에 대한 오해 풀기

D사가 OKR을 도입한 초창기에 있었던 일이다. OKR 추진팀에서 직원들에게 OKR의 유형을 다음과 같이 소개했다. "OKR에는 도전적

인 OKR과 필수적인 OKR이 있습니다. 도전적인 OKR은 말 그대로 도전하는 어려운 목표이고, 필수적인 OKR은 현재 업무 수행을 완성하는 목표입니다"라고 안내했다. 그러자 직원들 대부분은 쉬워 보이는 필수적인 OKR을 수립했고, 도전적인 OKR 작성을 꺼려했다. 한편, 도전적인 OKR을 수립한 팀들도 불만스러워했다. 필수적인 OKR을 수립한 팀의 팀원들은 달성률이 높을 것이니, 도전적인 OKR을 수립하면 평가에서 불이익을 받게 된다는 이유였다. 결국 OKR 추진팀은 도전적인 OKR을 반드시 몇 개 이상 포함하도록 했다. OKR과 평가를 연결시킨 것도 문제지만, 목표에 대한 오해가 더 큰 문제였다.

'문샷*'과 같은 도전적인 목표는 '루프샷roofshot**'이라는 다소 점진적인 도전 방식으로 나누어서 도전할 정도로 단숨에 이루기 어렵다. 이에 비해 필수적인 OKR의 목표는 쉬워 보인다. 그러나 필수적인 OKR의 목표도 쉬운 목표는 아니다. 반드시 100%를 만들지 않으면 안 되는 (스스로 허용하지 않는) 목표다.

100% 달성 가능한 쉬운 목표를 수립하라는 것이 아니라, 고객 관점에서 100%를 하지 않으면 0%나 마찬가지로 생각하고, 철저하고 완전하게 달성해야 한다는 뜻이다. 항상 하던 업무 수준의 쉬운 목표나, 상

---

* 달을 잘 관찰하기 위해서 망원경의 기능을 개선하는 것이 아니라, 직접 달에 가면 된다는 혁신적인 생각, 불가능해 보이는 혁신적 사고를 실제로 이뤄 나가는 것.

** 지붕을 거쳐서 점진적으로 달에 도착(문샷)하는 접근 방법(단기적 ➡ 점진적 ➡ 일관적 ➡ 지속 도전 ➡ 장기 목표 달성).

급자가 회사 대표에게 받는 수명업무 수행과 같은 것으로 오해하지 않기를 바란다. 목표는 어려운 것이다.

● 세 가지 OKR 유형 비교

도전적인 OKR (Moon-shot, Aspirational)	점진적인 도전OKR (Roof-shot)	필수적인 OKR (Committed, Operational)
OKR의 기본적인 목표 유형 미션/비전, 큰 성취, 대담한 도전	도전적인 OKR에 점진적으로 끈질기게 도전 ㊞ 10배 성장을 위해 1.3~2배 성장을 몇 차례 꾸준히 도전	현실적으로 존재하는 OKR 유형 제품/서비스 개발 및 운영, 조직운영 등
누가 봐도 100% 달성 불가능 70% 정도 달성하면 대단한 성공	매우 어렵지만 100% 달성 가능	어렵지만 100% 달성해야 성공
달성을 못하면, • 다음 기간 OKR로 유지 • 계속 도전	달성을 못하면, • 다음 기간 OKR에 더 높은 목표로 도전(예, 1.3배 도전 실패 후, 1.5배로 상향 도전)	달성을 못하면, • 철저한 실패 분석 • 반드시 신속한 성공으로 완결
비전 추구, 파격적인 성장(퀀텀 점프), 시장 지배력, 신규 사업/기술 개발 등	도전적인 OKR과 동일 단, OKR 도입 초기 기업, 도전 지향 문화가 상대적으로 약할 때 활용	제품/서비스 개발/출시, 품질 개선, 프로세스/기능 개선, 채용 등

참고자료: 《존 도어의 OKR》, Google re:Work, Fellipe Castro guide research

자주 접하는 다른 유형의 오해도 살펴보자. 측정 가능한 핵심결과 수립에 지나치게 치중한 나머지, 중요한 결과보다 측정이 쉬운 결과를 쉽게 선택하는 경우가 있다. 어느 중견기업의 사업부 소속 팀장이 인사담당 임원과 OKR에 대한 대화 후, 팀원들에게 공유한 메일 하나를 소개하고 싶다. 수립과 실행과정에서 유의할 점을 정확하게 짚고, 팀원들이 이해하기 쉽게 안내한 모범적인 사례라고 할 수 있다.

팀원 여러분, 안녕하세요.

새롭게 시작한 OKR에 적응하느라 수고가 많습니다.

오늘 HR 임원이신 OOO 님과의 대화를 통해, 앞으로 우리 팀이 어떻게 OKR을 수립하고, 실행해야 할지 아래와 같이 정리해 보았습니다.

1. 첫째, 조직 목표를 달성하기 위한 개인 목표를 수립합니다.
2. 둘째, 팀 OKR에 직접적으로 기여하지 않는 업무를 하는 팀원들도 OKR을 수립합니다. 개인의 업무 중에 지금보다 더 잘해서 회사 혹은 팀, 동료에게 도움을 줄 수 있는 것을 별도 OKR로 수립해도 괜찮습니다.
3. 개인의 목표라도 개인만을 위한 목표는 피하도록 합니다.
   ㉱ 외국어 수업 주 2회 진행
4. 정량으로 측정할 수 있도록 핵심결과들을 수립해 봅시다.
5. 그렇다고 무의미한 정량 숫자는 핵심결과로는 부적합합니다.
   ㉱ 매출 비중 증가를 위한 미팅 진행 몇 회: 목표도 핵심결과도 아닙니다.
   ㉱ 매출 30% 증가를 위한 신규 채널 몇 개 확장: 좋은 핵심결과입니다.
6. 너무 기계적으로 목표 3개/그에 따라 각 목표당 핵심결과 3개를 꼭 수립해야 하는 것은 아닙니다. 목표를 1개만 수립해도 됩니다. 핵심결과는

가급적 2개 이상의 복수로 해야 하지만, 1개만 작성해도 그 결과가 충분한 의미가 있다면 괜찮습니다.

여러분, 본인의 업무를 목표 의미에 맞추어 더 잘하도록 합시다. 만약 현재 업무와 목표 사이에 계속 충돌이 생긴다면, 저에게 대화를 요청해 주세요. 팀장으로서 여러분이 OKR에 집중할 수 있도록 최선을 다해 지원하겠습니다.

고맙습니다.
우리 OKR 한번 잘해 봅시다.

팀장 OOO 드림.

핵심결과 수립을 위한 간단 워크숍 가이드

① 각 목표를 정의하자. 정의는 이렇게 해 보자. '이 목표의 성취를 좌우하는 핵심요소는 무엇인가?' 또는 '목표가 성취되었을 때, 어떤 결과들이 나타날까?'에 대해 리더와 구성원들이 자신의 아이디어를 공유하자(각자 3개씩을 포스트잇 3장에 써서 모은다). 앞에서 설명한 목표 달성 공식의 구성 요소를 찾기 위함이다.

② 참가자들은 자신의 아이디어를 공유하고, 토론을 통해 중요한 결과들(주요 변수)을 몇 가지로 정리한다.

③ 참가자들은 정리된 핵심결과들 아이디어 중에서 '도전하고 싶은 마음'과 '결과의 크기' 기준에서 가장 공감이 가는 내용에 투표하고 3개 내외로 선정한다. 이때 쉽게 달성 가능한 것은 선택하지 않도록 한다.

④ 각각의 결과에 현재 수준(값)과 도전할 수준(값)을 부여하고, 문장으로 정리한다. 익숙해지면, 첫 단계의 목표 정의 단계부터 '결과+도전수치'의 핵심결과 형태로 아이디어를 제시할 수 있다.

목표 유형별 주요 핵심결과 예시

4장의 성장 목표 유형과 사례 부분에서 소개한 10개의 목표 유형(89쪽 참고)별로 핵심결과 세 가지씩을 예시로 소개한다.

유형 1의 목표: 더 편리한 고객경험을 제공한다.

핵심결과 ① 맞춤 추천 콘텐츠 이용률을 30%에서 60%까지 높인다.

핵심결과 ② 페이지 로딩 속도를 지금보다 2배 개선한다.

핵심결과 ③ 인당 서비스 평균 이용 시간을 15분에서 30분으로 늘린다.

유형 2의 목표: 보다 많은 사람들이 서비스를 이용한다(고객의 양적 창출).

핵심결과 ① 신규 사용자 수를 10만 명에서 100만 명으로 늘린다.

핵심결과 ② 월간 활성 사용자를 2만 명에서 30만 명으로 늘린다.

핵심결과 ③ 10대 고객 증가를 위한 10대 고객용 xx 서비스 메뉴를 0월 00일까지 완료한다.

유형 2의 목표: (만족을 넘어) 고객을 기쁘게 만들자(고객 질적 만족).

핵심결과 ① 고객의 순추천지수NPS를 13점에서 50점으로 높인다.

핵심결과 ② 고객의 사이트 재방문 주기를 현재 평균 9일에서 3일로 줄인다.

핵심결과 ③ 고객의 재구매율을 현재 30%에서 60%로 높인다.

유형 3의 목표: 고객이 더 쉽게 이용할 수 있는 서비스가 된다.

핵심결과 ① 가입 소요 시간을 현재 평균 10분에서 2분으로 줄인다.

핵심결과 ② 월 평균 신규 가입자가 1천 명에서 3천 명으로 3배 증가한다.

핵심결과 ③ 가입 후 신규가입 이벤트 할인구매 고객이 5백 명에서 1천 명으로 증가한다.

유형 3의 목표: 서비스의 품질을 획기적으로 개선한다.

핵심결과 ① 품질 개선 포인트를 0월 0일까지 100% 개선 완료한다.

핵심결과 ② 고객 컴플레인 수를 일평균 00건에서 0건으로 70% 줄인다.

핵심결과 ③ 주간 총 서비스 이용 시간이 10만 시간에서 20만 시간으로 늘어난다.

유형 4, 5의 목표 : 비대면 온라인 서비스 시장 진출 프로젝트를 성공시킨다.

핵심결과 ① 비대면 서비스 베타버전을 0월 00일까지 출시한다.

핵심결과 ② 신규 서비스(베타테스트) 고객 순추천지수 7점을 획득한다.

핵심결과 ③ 서비스 출시를 위한 최종 테스트를 0월 00일까지 완료한다.

유형 6의 목표: 고객들이 기대하는 시간에 서비스를 받게 하자.

핵심결과 ① 주문부터 수령까지를 현재 3일에서 2.5일로 단축한다.

핵심결과 ② (배송 시간 중 가장 많은 시간이 소요되는) 포장 시간을 1일에서 0.5일로 줄인다.

핵심결과 ③ (불량 발생에 따른 검수 시간 단축) 오배송률을 현재 10%에서 2%이내로 줄인다.

유형 7의 목표: 최적의 인재를 적기에 확보한다.

핵심결과 ① 00분야 팀장급 1명을 00월 말까지 채용한다.

핵심결과 ② xx분야 헤드 1명을 00월까지 채용한다.

핵심결과 ③ 신규 인력에 대한 동료 만족도에서 평균 4.5/5점을 달성한다.

유형 8의 목표: 직원 주도적으로 일하는 문화를 만들자.

핵심결과 ① OKR의 핵심결과 상향식 제안 비율이 100%이다.

핵심결과 ② 심리적 안전감 지수가 현재 4.0에서 8.0으로 상승한다.
(10점 만점)

핵심결과 ③ 직원 성과 몰입도를 현재 45%에서 60%로 높인다.

유형 9의 목표: 안정적인 성장 기반을 확보한다.

핵심결과 ① 투자금 00억 원을 확보한다.

핵심결과 ② 개발리드, 마케팅리드를 확보하여 1기 팀 구축을 0월 00일까지 완성한다.

핵심결과 ③ 제품 X 개발을 완료한다.

유형 10의 목표: 연 매출 100억 원을 달성하자(연 매출 100억을 네 가지 핵심요소로 정의하고 핵심결과 수립).

핵심결과 ① A제품 판매량을 현재 1만 5,000개에서 3만 개로 두 배 늘린다.

핵심결과 ② 고객 단가를 평균 3만 5천 원에서 7만 원으로 높인다.

핵심결과 ③ 기존 고객 이탈률 0%를 달성한다.

핵심결과 ④ 신제품 X의 월 평균 매출 5억 원을 달성한다.

'OKR 언어'를 활용하라

지금까지 제시한 OKR의 목표와 핵심결과 수립 방법과 예시를 참고하면서 표현법을 익혀 보자.

목표 언어: 집중과 초점

대기업 계열사인 S사의 전략담당 임원CSO으로부터 전사 OKR 초안 리뷰 요청을 받았다. 목표 문장이 대부분 '~을 통해, ~을 달성하고, 그리하여 ~을 한다'는 식이었다.

나는 "이 목표는 무엇에 초점을 두고 있나요? 구성원들 누구나 이 문장이 말하는 우선순위가 무엇인지 알 수 있을까요?"라고 질문했다. 목표 문장 속에 내용이 많으면, 우선순위가 모호해져서 집중이 안된다. 핵심결과를 모두 달성한다 해도 많은 내용의 목표가 달성되었다고 말할 수 없는 상황도 생긴다.

목표는 명확해야 한다. 그러려면 표현이 복잡해서는 안 된다.

OKR은 나만 보고 나만 이해하면 되는 개인적인 위시리스트가 아니다. 나만의 업무 리스트도 아니다. 목표 언어의 핵심은 '초점'이다. "__________을 ____________한다"와 같이 초점이 명확하고 단순하게 표현하는 것이 좋다. 예를 들면, '고객을 만족시킨다.' '신규 프로젝트를 성공시킨다.' '최고의 팀을 구축한다'처럼 말이다.

핵심결과 언어: 결과와 도전, 그리고 측정

그렇다면 핵심결과는 어떻게 표현하면 좋을까? 목표 언어의 핵심이 '초점'이라면, 핵심결과 언어의 핵심은 '측정'과 '도전'이다. 측정이 가능한 결과 형태는 대부분 다음의 두 문장으로 표현할 수 있다.

1 (무엇)을 (현재 값(a))에서 (도전 값(b))으로 (증가/감소/변화)시킨다

가장 많이 쓰는 핵심결과 문장은 증가나 감소, 또는 변화 결과가 포함된다. 대체로 도전적인 목표를 추구할 때 많이 사용된다. 이 문장 표현법에서 중요한 것은 측정 가능성이다. 핵심결과는 항상 우리가 도달하고 싶은 지점을 의미해야 한다. "우리가 도달할 지점이 어디인지?"를 정량적인 수치로 표현할 수 있어야 한다. 그래야 측정이 가능하다. 다음으로 중요한 것이 도전 값이다. 도전 값에서 현재 값의 차이가 '도전 수준'을 의미한다. 도전 수준이 반영되는 값을 설정하는 방법은 '핵심결과 수립 방법'을 참고하도록 하자(101쪽 참고).

② (무엇)을 언제까지 개발/구축/완료한다

또 다른 핵심결과 문장은 존재하지 않는 것을 새롭게 만들어 내는 형태다. "목표를 달성하기 위한 핵심적인 중간 결과를 3개 정도 선정하고, 각각 언제까지 완료한다/구축한다"라고 결과를 표현하는 방식이다.

이 두 가지 형태의 표현이면 측정과 도전을 포함하는 결과를 표현할 수 있다. OKR 도입 초기에 이러한 표현법을 적극 활용한다면 '결과 중심'으로 OKR을 수립하는 습관을 만들 수 있을 것이다.

OKR 자세히 보기: 핵심결과와 혼동하는 이니셔티브 tip

핵심결과를 달성하기 위한 실행 계획(실행 과제)을 이니셔티브(Initiative)라고 한다. OKR을 수립할 때 이 이니셔티브를 함께 작성하는 경우가 있는데, 개인적으로 상위 조직 OKR 수립에서는 이니셔티브를 작성하지 않는 것을 추천한다. 이것은 정답이라기보다는 여러 조직과 OKR을 수립하고 실행한 경험에 근거한 조언이다.

그 이유는 현장에서 이니셔티브를 잘못 활용하는 경우가 자주 발생하기 때문이다. 특히 상위 조직 차원에서 핵심결과를 위한 이니셔티브를 미리 정하면, "이렇게 해라"는 상부의 뜻으로 잘못 전달될 수 있다. OKR의 얼라인먼트와 상향식 원리에 따라 실행 조직인 팀이나 팀원들이 실행 단계에서 자발적으로 이니셔티브를 정하는 것이 좋다.

또 다른 이유는 한국 기업들이 결과보다 이니셔티브라는 실행 계획 수립에 훨씬 익숙하기 때문이다. 그래서 핵심결과를 제대로 작성하지 않은 채, 이니셔티브를 꼼꼼하게 작성하고 OKR 수립에 만족하는 경우도 많았다. 대화도 핵심결과보다 이니셔티브에 맞춰져서 무엇을 하겠다는 것을 강조하게 된다. 이니셔티브는 주간 단위 OKR 팀 미팅이나 일대일 미팅 과정에서 더 나은 아이디어를 발굴하고 제안해도 된다. OKR은 잘 바뀌지 않지만, 실행 방법은 얼마든지 바뀔 수 있다.

그러므로 OKR 수립 단계에서는 실행 계획을 세운다고 많은 시간을 쓰지 말고 '무엇을 성취할 것인가?' '어떤 결과로 그 성취를 증명할 수 있을 것인가?'라는 목표와 핵심결과에 집중하고 검증하면서 마무리해도 괜찮다. OKR 수립 초반에 세우는 실행 계획은 불완전할뿐더러 자칫 '이것만 하면 된다'라고 오해하기 쉽다.

5장

기여와 협업으로 정렬하기

하향식과 상향식이 만난다

OKR 정렬하기의 핵심은 하향식의 목표와 방향, 상향식의 자율적인 제안의 균형이다(48쪽 참고). 이를 실현하는 방법에 대해서 살펴볼 것이다. 우선, 조직의 규모와 조직 구조를 고려하여 조직의 어느 단계까지 OKR을 수립할지 결정하자. 그리고 개인 단위의 OKR을 수립할지 여부를 결정하자. 조직의 구조, 의사결정체계, 책임 범위 등을 반영하는 것이 좋다. 왜냐하면 OKR은 조직 공통의 목표, 방향에 대해 꿈만 꾸는 것이 아니라 이를 달성하는 전략과 책임까지 포함하기 때문이다.

정렬① OKR 단위(단계)를 결정하라

초기 스타트업을 제외하면, 기업들의 조직구조는 전사 - 본부(실) - 팀의 3단계가 대부분이다. 조직 전체의 경영 의사결정권한과 책임을 가지는 경영층과 이에 맞춰 해당 사업이나 기능을 관리 집행하는 본부 조직, 그리고 실행하는 팀 조직으로 구성된다. OKR도 경영층이 책임지는 전사의 OKR이 수립되고, 이에 연계하여 전략을 실행하는 각 본부와 팀 OKR, 그리고 개인의 OKR 구조가 만들어진다.

N사는 직원 규모가 40명이고, 조직은 1기업(전사) - 5개 본부 - 11개 팀으로 구성되어 있었다. 인원 수에 비해 조직의 수직적인 단계와 단위 조직의 수가 많은 편이었다. 본부별 인원 규모가 4명에서 12명까지 구성되어 있었다. 이 기업은 전사 OKR과 5개 본부 OKR만 수립했는데, 집중과 소통에 매우 효과적이었다.

T사는 300명 규모로 1기업(전사) - 3개 사업부 - 10개 본부 - 23개 팀으로 구성되어 있었다. 조직 구조대로 OKR을 수립하면 전사 OKR - 사업부 OKR - 본부 OKR - 팀 OKR - 개인 OKR까지 5단계의 OKR이 만들어진다. 이렇게 되면 팀원들은 5단계를 거치는 동안 회사의 OKR이 나의 OKR과 무슨 상관이 있는지 눈에 보이지 않게 될 것이다. 몇 개의 독립적인 사업으로 구성된 기업의 경우, 반드시 전사 OKR에서 시작할 필요는 없다. 각 사업부가 하나의 실질적인 회사라고 볼 수 있

기 때문이다. 멀티 브랜드 컴퍼니나 사업이나 서비스 단위의 애자일 조직 형태의 기업도 비슷한 경우다. 이런 기업들은 각 사업(서비스)들이 고유의 미션과 비전, 고객 가치와 전략을 가지고 있기 때문에 '사업부 OKR'과 소속 팀들의 '팀 OKR' 구조로 수립하는 것이 좋다. T사는 각 사업부 단위를 작은 회사로 보고 사업부와 팀 OKR의 2단계 OKR 구조로 수립했는데, 매우 효과적이었다.

조직 특성에 맞게 적정 단계 찾기

OKR 정렬하기의 핵심은 조직 전체의 목표부터 개인의 업무까지 투명하게 잘 보이도록 하는 것이다. 그리고 빠르게 실행하고 결과를 측정할 수 있어야 한다. 최근 트렌드인 애자일과 OKR은 빠르고 짧은 기간동안 집중적으로 실행한다는 관점에서 시너지가 높다. 애자일 방식으로 일하는 조직들은 고객 중심으로 각 기능 전문가들이 한 팀이 되어서 빠르게 변하는 시장에 대응하고 있다. 이런 애자일 조직이 OKR을 수립하면 자연스럽게 '조직 단위 = 사업성과 단위'로 명확한 목표를 수립하기에 좋다. 또 짧은 주기로 빠르게 목표를 잡아서 실행하고 소통하며 피드백하기에도 좋다. 하나의 조직 OKR과 개인 OKR이 분명하게 연결되기에도 좋다. OKR 수립 절차도 간소해지고, 실행과 소통까지 빠르고 명확하다. 약 50여 명 규모의 뷰티 플랫폼 스타트업 H사는 4개 사업을 애자일 조직으로 운영하는데, 리더부터 모든 팀원들까지 OKR을 빠르게 수립하고 집중적으로 실행하여 큰 효과를 경험하고 있다.

단순히 수평적인 조직이 OKR을 잘한다는 말이 아니다. 어떤 조직은 형태는 수평적이지만, 일하는 방식과 리더와 구성원 마인드는 수직적이었다. 구성원들은 CEO나 경영진이 자신의 목표를 지시해 주기를 기다리고 있었다. 이들은 수평 조직을 서로 간섭하지 않는 조직이라고 오해하고 있었기에 모두의 목표에는 관심이 없었다. 물론 성과도 매우 저조했다.

단계가 많고 수직적인 조직구조에서는 어떻게 해야 할까? 내 경험으로는 방향을 제시하는 상위조직 OKR과 이를 실행하는 조직의 OKR, 이렇게 2단계로 OKR을 운영할 때 우선순위와 정렬, 집중 관점에서 가장 효과적이었다. 기업 전체가 하나의 비즈니스 조직이라면 '전사 OKR'과 실행조직인 '팀 OKR'로, 멀티 비즈니스 조직이라면 '사업부 OKR'과 '팀 OKR' 단계로 수립하는 것이 효과적이다. 그러나 이것이 정답이라고 할 수는 없다. 어떤 회사는 본부가 실행 조직인 곳도 있다. 방향 조직과 실행 조직이 잘 정렬되도록, 각 조직에 맞게 OKR 단계를 정하도록 하자. 도입 초기에는 분기마다 다른 단계와 방식을 시도해 보면서, 각 조직에 맞는 OKR 단계를 찾는 것을 추천한다.

정렬② 상위 조직 OKR과 연계한 하위조직 OKR을 수립하라

미션, 고객, 전략 주제의 '중요한 대화'는 일반적으로 전사 단위나 사업부 단위에서 가능하다. 스타트업이든 대기업이든 한국 기업의 경우, 팀 단위의 미션을 수립하는 경우는 매우 드물다. 일반적으로 '팀'은 상위조직인 전사나 사업부의 OKR을 실행하는 조직이다. (기업마다 다르다. 어떤 기업은 전사 경영층을 '○○팀'이라고 부르기도 하고, 사업 단위를 '팀'으로 부르기도 한다.) 그러므로 팀은 단독으로 OKR을 수립하기보다, 상위조직 OKR에 대한 기여하는 것이 우선이다. 그렇다고 상위조직 OKR을 기계적인 하향식으로 따르라는 말이 아니다. 어떻게 하면 '팀'이 자유롭게 OKR을 수립하면서, 조직 전체에 기여할 수 있을까?

팀 OKR 수립 가이드

1 팀 단위의 중요한 대화

팀이 기여할 대상(상위 조직 OKR)과 팀 자체적으로 해결해야 하는 문제가 무엇인지 찾는다.

① 전사 본부의 OKR 공유하기: CEO나 본부장은 전사와 본부가 집중하는 우선순위 OKR이 무엇인지 팀장과 팀원들에게 공유한다. OKR을 도출하게 된 문맥과 의미를 충분히 담아 공유한다.

팀장과 팀원들은 전사와 본부 OKR 중 우리 팀은 무엇에 기여할 수 있는지, 어떤 방식으로 기여할 수 있는지를 논의한다.

② 문제 모으기: 올 한 해 우리 팀이 해결해야 할 문제들이 무엇인지 도출한다. 전사나 본부 OKR 중에서 우리 팀이 기여해야 할 과제와 우리 팀 업무 프로세스나 역량, 문화 등 내·외부의 모든 문제를 도출한다(아래의 팀 문제 도출 질문 참고).

③ 우선 해결 문제 선택하기: 팀장과 팀원들은 '팀이 기여할 것'과 '팀 차원'에서 해결해야 할 모든 문제를 모으고 나면, 이 중에서 우리 팀에게 가장 중요한 우선순위를 선택한다.

④ 우선순위 선택 기준: 다음 기준에 따라 팀원들이 투표하고, 가장 많은 팀원의 공감을 얻은 사항을 팀 우선순위로 선택하자.

- 첫째, 가장 의미 있는 것이다. 조직이나 고객 관점에서 의미가 있어야 도전하고 싶어진다.
- 둘째, 문제를 해결하면 사업이나 서비스를 더 성장시킬 수 있어야 한다. 해결 효과가 큰 것을 선택한다.

참고 팀 문제 도출 질문

① 우리 팀이 해결해야 할 문제가 무엇입니까?

- 고객에게 어떤 상황이 발생하고 있습니까? 무엇을 해결해야 합니까?

- 업무 프로세스에서 비효율적인 부분이나 타 부서, 협력업체 등이 불편해하는 점은 무엇입니까?

② 우리 팀이 제공하는 제품/서비스의 기능과 품질은 충분히 탁월합니까?

- 제품/서비스상에 어떤 문제가 있습니까?
- 더 나아지기 위해서 어떤 점을 개선해야 합니까?

③ 우리 팀이 일하는 방식은 충분히 효과적입니까?

- 역량 면에서 개선할 점은 무엇입니까?
- 조직 문화에서 개선할 점은 무엇입니까?

---

2 팀 단위 목표 수립

앞의 1의 중요한 대화에서 선택한 가장 우선 해결해야 할 문제를 목표로 수립한다.

① 그 문제가 해결되었을 때의 기대 모습을 목표로 적는다.

예를 들어 제품이나 서비스의 불량이 반복적으로 발생하는 문제를 해결해야 한다면, 문제가 개선된 모습인 '완벽한 품질의 서비스를 제공한다' 같은 목표를 수립할 수 있을 것이다.

② 기간을 고려한다. OKR을 3개월 단위로 한다면, 3개월을 고려한 목표를 수립한다.

OKR 정렬의 열쇠는 '팀장'이 쥐고 있다

전사와 같은 상위조직 OKR을 수립할 때, 가급적이면 팀장들까지 참여하는 워크숍을 추천한다. 이렇게 이야기하면 "팀장들까지 전사 워크숍에 참여한다고요?"라는 질문을 받곤 한다. 팀장의 참석 여부는 팀장을 어떤 존재로 보느냐에 따라서 달라진다.

'팀장'은 팀 성과를 책임지는 리더다. '팀'은 전사의 목표를 실행으로 옮겨서 성과를 만드는 조직이다. 만약 팀장이 임원까지 결정된 사항을 전달받고 팀원들에게 업무로 배분하는 일만 한다면, 팀장을 리더가 아니라 '일을 좀 더 잘하는 선임 팀원' 정도로 생각하는 것이다. OKR에서 중요한 하향식과 상향식의 균형은 '팀장'이라는 리더의 역할에 의해서 가능하다. 팀장이 전사 조직의 OKR 결정에 참여하지 못한다면, 실행의 주체로서 전사와 팀원들을 연결하는 교량 역할을 제대로 못할 것이다. 뿐만 아니라 OKR 수립에 대해서 팀원들은 OKR을 수직적인 하향식으로 여기게 될 것이다. 이런 이유들로 '팀장들이 참여하는 전사 OKR 워크숍' 진행을 추천한다.

소통과 참여로 정렬하기

많은 기업들이 OKR 수립/정렬 과정에서 상위 조직의 핵심결과를 하위 조직의 목표에 일방적으로 연결시키는 방식으로 OKR을 할당해 주는 모습을 종종 보게 된다.

특히 《존 도어 OKR》의 7장 '팀의 정렬과 연결'에서 도어가 예로 든 가상의 미식축구 구단의 OKR 비유를 잘못 이해했기 때문이기도 하다(자세한 설명은 126쪽의 OKR 자세히 보기에서 제공하겠다). 그래서 상위 조직 OKR이 수립되면, 하위 조직과 구성원들의 목표는 일방적으로 정해져 버린다고 생각한다. 독자들의 조직 OKR이 일방적인 하향식으로 수립되지 않으려면 두 가지를 점검해야 한다.

첫째, OKR 수립 시에 참여와 소통이 이루어지고 있는지 점검해야 한다. 조직의 최고책임자가 알아서 결정하는 방식이나 형식적인 워크숍만 반복되고 있지 않는지 점검해야 한다. 상위조직의 OKR 수립 과정에서 현장의 고객과 시장 정보를 가진 중간 리더와 구성원들이 참여하고 있는지 점검해야 한다. 최고 책임자만의 생각이 아닌 중간 리더들과 구성원들이 미션과 고객에 대해 이야기하고 OKR 수립 과정에 참여하도록 과정을 점검해야 한다.

둘째, 팀이나 팀원의 OKR을 수립할 때 상위 조직 OKR의 핵심결과를 기계적으로 목표와 맞추는지, 아니면 상위 조직의 OKR이 충분히 소통된 상황에서 자유롭게 기여할 OKR을 수립하는지 점검해 보아야 한다. 자율적으로 정렬하려면 상위 조직 OKR 수립 과정에 구성원들이 참여하거나, 상위 조직 OKR의 내용과 의미를 리더가 충분히 소통하고 공유해야 한다.

유튜브 사례는 참여와 소통이 얼마나 중요한지 보여주고 있다. 구글도 과거에 OKR 수립과 운영에서 실수를 했었다. 2011년 당시 800여 명의 구성원들이 자신이 하고 싶었던 것들을 모두 OKR에 담았다. OKR 개수는 직원들의 아이디어 수만큼 늘어났지만, 시도나 실행률은 떨어졌다. 팀원들은 많은 일을 했지만, 오히려 조직의 성장은 정체되어 갔다. 이 점을 고치기 위해 유튜브 조직 공통의 목표가 무엇이어야 하는지를 소통하고, 그 과정에서 발견한 '하루 시청 시간 10억 시간 달성'이라는 목표를 경영진과 구성원들이 지속적으로 소통했다. 팀원들은 자신의 OKR이 전사 OKR에 정렬되도록 하면서 노력한 4년만에 '하루 시청 시간 10억 시간' 달성이라는 10배의 성장을 이루어 냈다.

할당하지 말고 기여하게 하라

OKR을 실행하는 어떤 조직은 OKR의 핵심결과마다 담당하는 팀이나 담당자를 선정한다. 이 선정을 상위 조직의 리더가 일방적으로 하게 되면, 기여가 아니라 할당이 된다. 조직의 OKR에 무엇으로 기여할지 스스로 결정하고, OKR을 수립하는 것이 얼라이먼트다. OKR의 얼라인먼트는 효과적인 정렬 구조와 소통, 참여에 의해서 가능하다는 점을 기억하자.

OKR 자세히 보기 : OKR정렬(얼라인먼트)에 대한 이해와 오해 tip

존 도어는 그의 책 《존 도어 OKR》에서 왜 가상의 미식축구팀 샌드힐 유니콘 구단의 사례로 OKR을 설명했을까?

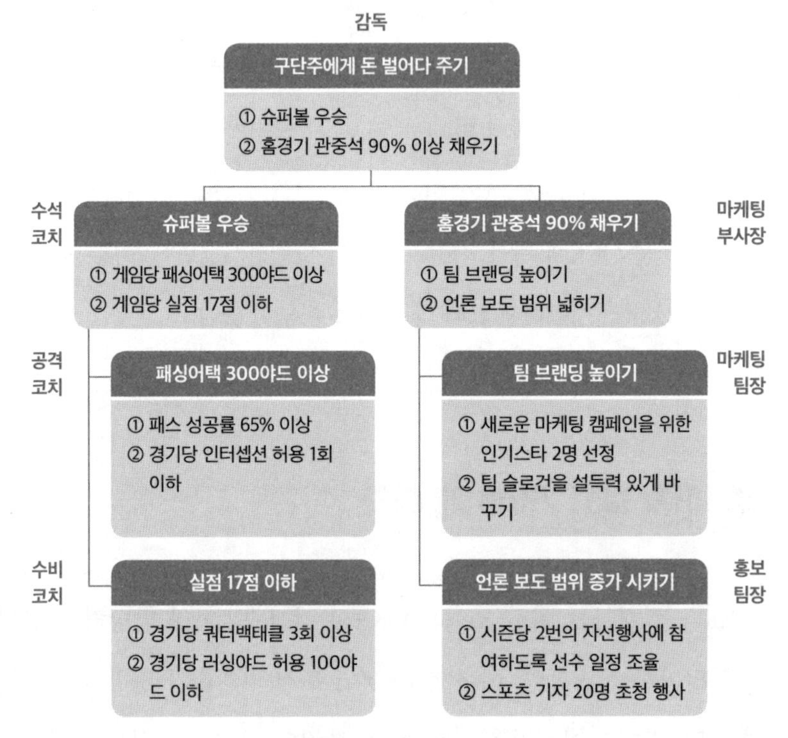

가상의 미식축구팀 OKR

-《존 도어 OKR》

샌드힐 유니콘이라는 가상의 미식축구팀 OKR은 존 도어가 OKR을 설명하기 위해서 좋은 점과 안 좋은 점을 모두 포함해서 만든 교육자료이다. 이 가상의 미식축구팀 OKR을 통해서 존 도어가 말하고 싶었던 좋은 점과 안 좋은 점은 무엇일까?

우선 좋은 점부터 살펴보자. 조직의 OKR에는 정렬을 위한 기본적인 구조가 존재한다. 존 도어는 이 구조를 부정하지 않는다. 최상위 조직의 OKR은 구성원 모두에 의해서 함께 이루어진다는 의미를 담고 있다. 그 방법은 최상위 조직 OKR의 핵심결과들을 하위조직들이 자신의 책임으로 삼고(목표로 삼고) 자율적으로 도전하는 기여다. 우선순위와 정렬(얼라인먼트)의 구조는 존재한다.

반대로 존 도어가 이 비유에서 잘못된 점 세 가지도 이야기하고 있다. 특히 구단 전체의 목표로 '구단주에게 돈 벌어다 주기'라는 문장을 주의 깊게 봐야 한다. 아무리 독재적인 CEO가 경영하는 조직이라도 절대 쓰지 않을 극단적인 비호감 목표를 적은 이유가 무엇일까?

첫째, 조직 모두가 아닌 특정인 누구에게만 중요한 목표는 대화없이 일방적인 하향식으로 만들어지는 목표라는 점을 강조한다. '구단주에게 돈 벌어다 주기'라는 목표는 리더/구성원들과 '함께' 목표를 수립한다면 절대 나올 수 없는 목표다. 조직 모두에게 중요한 목표는 반드시 대화를 통해서 만들어야 한다.
둘째, 구성원들의 내적 동기를 자극하지 못하는 목표는 OKR의 정렬이 그럴싸하게 된 것처럼 보여도, 그 속에 구성원들이 자발적으로 기여하고 싶은 마음이 담기지 못한다는 것을 강조한다.
셋째, 존 도어는 수많은 조직들의 단골 목표인 '매출 얼마를 달성하자'와 같이 구성원들에게 "돈 벌어와!"로 인식되는 목표를 우회적으로 꼬집고 있다. 조직의 중요한 사안이자 구성원의 내적동기를 자극하는 목표를 추구한다면, '구단주 돈벌어다 주기'가 아닌 '명문 구단을 만든다'와 같은 목표를 수립해야 할 것이다(128~129쪽 그림 참고). 우승이라는 성적과 팬이 많은 명문 구단이 되면, 매출은 자연스럽게 따라오게 될 것이다.

OKR은 하향식과 상향식의 균형을 가지고 수립되어야 한다. 하향식만으로 OKR을 수립하면 어떻게 될까? 그냥 지시다. 내가 세운 목표가 아니다. 하고 싶은 마음이 생겨나지 않는다. 다음의 그림과 같이 조직 공통의 지향점에 초점을 맞추고 대화를 통해 함께 목표를 수립하는 것이 OKR의 정렬(얼라인먼트)이다. 그림에서 위에서 아래로 향하는 선을 점선으로 표시한 이유는 방향과 의미는 전달되지만 직접 지시하지는 않는다는 뜻이다.

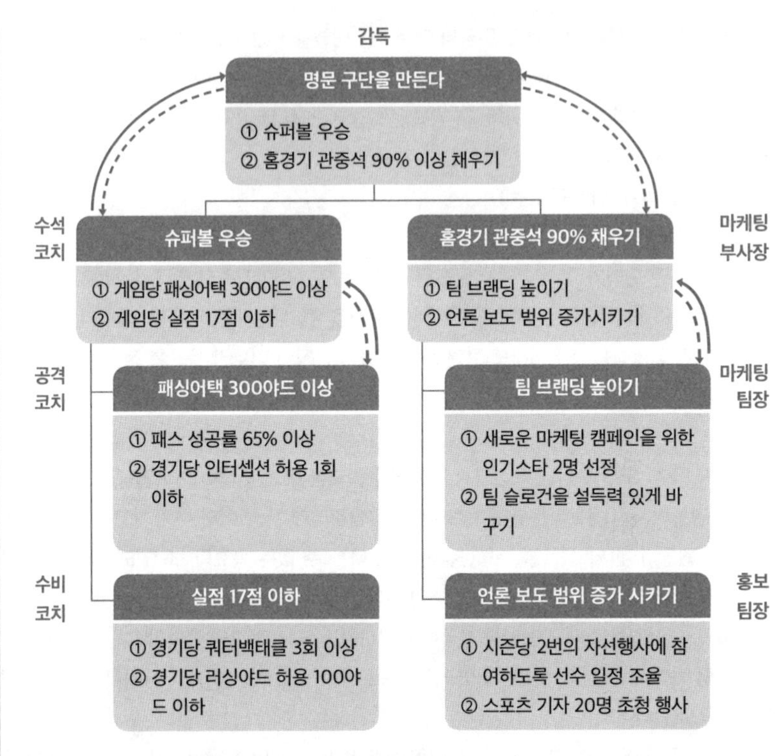

감독 OKR과 정렬의 바른 그림

이 비유 예시에서 존 도어가 지적하는 점이 하나 더 있다. 수석코치의 핵심결과들과 마케팅 부사장의 핵심결과들을 비교해 보자. 마케팅 부사장과 산하 팀장들의 핵심결과가 측정 가능하지 않다. 어떤 조직의 리더들이 "마케팅 부사장의 핵심결과는 측정 가능하지 않아도 되는 것 아닌가? 그래야 산하의 각 팀장의 목표들이 목표답게 방향을 제시하는 표현이 되지 않는가?"라고 질문한 적이 있다.
상위 조직인 마케팅 부사장의 핵심결과를 하위조직의 목표를 고려해서 방향을 제시하는 슬로건 같은 표현으로 잡아야 하는 걸까? 그렇지 않다. 존 도어는 상위 조직이든 하위 조직이든 모든 조직의 핵심결과는 반드시 측정할 수 있어야 한다는 점을 강조한다. 구성원들이 상위 조직 OKR의 의미와 방향을 이해하고 공감하고 있다면, 그 하위 조직의 목표들이 비록 정량적이더라도 괜찮다. 정량적인 목표 속에 있는 의미를 알기 때문이다. 상위조직의 OKR이 방향이라면, 하위조직(개인)의 OKR은 책임과 전략 실행의 차원이다.

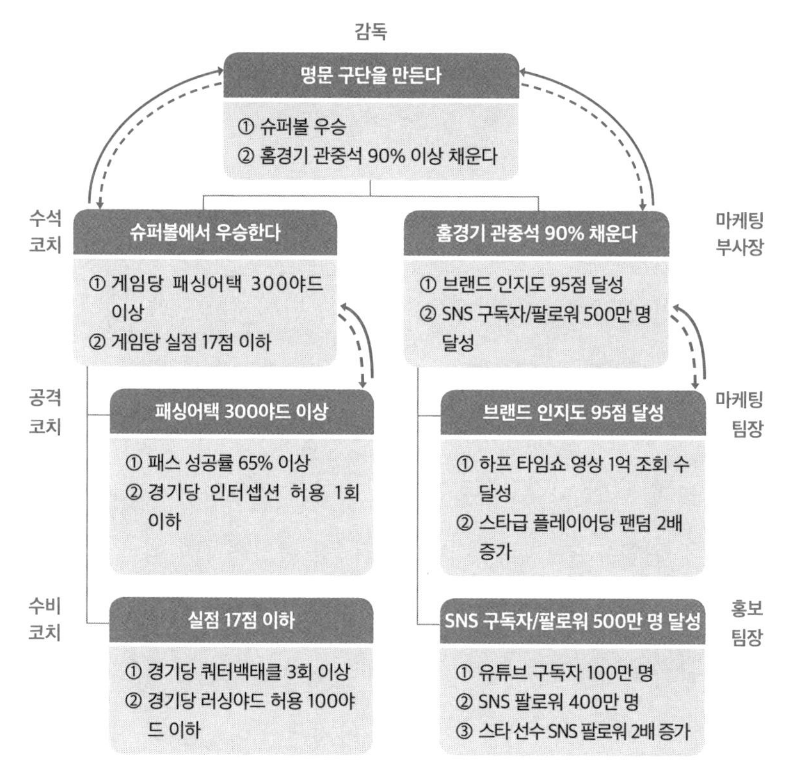

마케팅 부사장 및 산하 팀장 OKR의 변경

정렬③ 수평적 연결(협업)을 점검하라

OKR을 도입한 P 스타트업 CEO가 "인원이 약 30여 명인데, 각자 OKR을 도전적으로 세웠다고 다른 동료들의 일에 더 무관심해지고 자신의 OKR에만 신경 쓰는 분위기가 생겼다. 이 작은 조직이 사일로화 되는 것 같아서 매우 우려스럽다"고 하소연했다. OKR을 도입한 초기에 평소보다 도전적인 목표를 세우고 잘해 보려는 의욕 때문에 동료가 도움을 요청해도 매몰차게 거절하는 일이 벌어지기도 한다. 어떻게 수평적으로 협업할 수 있을까?

우선 수평적 정렬을 OKR 수립 프로세스에 반영한다. 조직 OKR을 수립할 때, 만약 타 부서나 동료와 협업이 필요하면, OKR을 확정하기 전에 협업을 조율하는 미팅을 열어서 협업을 반영해야 한다. 만약 OKR 수립 시에 놓친 협업 이슈가 중간에 발생한다면, 즉시 상위 리더와 협업이 필요한 타 부서나 동료와 상황을 공유하고 이 문제를 논의해야 한다. 때로는 협업을 논의하는 과정에서 이 OKR이 상위 조직 혹은 전사적으로 중요할 수 있다. 이때는 OKR을 한 단계 격상시킬 수도 있다.

두 번째 방법은 전사나 전체 사업부 규모의 상위 조직 OKR의 도전적인 핵심결과들을 책임지는 기여자들을 2개 팀, 혹은 2인 이상이 복수로 맡도록 하는 것이다. 이 경우, 협업하는 팀(동료) 간에 같은 OKR

을 사용하고 각자의 역할에 따라 다른 이니셔티브로 기여한다. 그렇게 되면 자연스럽게 협업이 되고, 팀워크를 키울 수 있다. 조직 OKR 실행에서 소외되는 사람이 없도록 하는 데도 매우 좋은 방법이다.

세 번째 방법은 협업 분위기를 만드는 것이다. "내 일을 도와줘서 고맙다"고 감사하고 칭찬하는 행동이 자연스러운 분위기를 만들어야 한다. 아무리 구조나 절차를 잘 만들어도 결국 협업은 돕고 싶은 마음에서 나온다(이에 대해서는 3부에서 자세히 다룰 것이다).

정렬④ 어느 단위까지 수립할 것인지 결정하라

OKR을 운영하는 방식은 조직마다 다르다. 어떤 조직은 조직 OKR 없이 개인 OKR을 중심으로 수립하고(개인적으로 권하지 않지만), 어떤 조직은 조직 OKR만 수립하기도 한다. 한국 기업들은 OKR 도입 초기에는 '개인 OKR'을 수립하는 데 관심을 가지고 시작하는 편이다. 과거에 많이 한 개인평가 방식의 영향이라고 생각한다. 그러나 OKR을 실행할수록 조직 단위 OKR의 중요성을 알게 된다. 다음의 두 가지 방법을 참고하여 각 조직에 맞게 선택하자.

팀 OKR까지만 수립하는 경우

팀 OKR까지 수립하고, 개인 OKR까지는 수립하지 않는다. 이는 단계별 정착방법으로 조직 단위 OKR이 적응될 때까지 좋은 방법이다. 조직 OKR 수립과 운영이 정착되면 개인 OKR 수립까지 확대하는 것을 권장한다. 팀 OKR까지 수립한다고 해서 팀원들이 팀 OKR과 무관해지는 것은 아니다. 팀 OKR은 팀원들에 의해서 실행된다. 팀원들은 팀 OKR에 기여하기 위한 실행과제를 수립한다.

이렇게 하면 새로운 도구를 도입하는 과정의 복잡함과 혼란을 최소화할 수 있다. 뿐만 아니라, OKR 초기에 회사와 팀의 우선순위에 집중하는 분위기를 만들 수 있다. 아무리 좋은 제도도 실행하면서 혼란이 계속되면 자연스럽게 마음이 멀어질 수 있다. 팀 단위까지 OKR을 하더라도 팀원들은 개인 단위 OKR을 작성하지 않는 것이지, OKR과 상관없는 것은 아니다. 팀 OKR의 실행은 팀원들이 한다. 팀의 핵심결과에 하나 이상씩 기여할 책임을 맡는다. 자신이 책임지는 핵심결과들에 대해서 매주 시행할 과제를 도출하고 도전적으로 수행한다. 이렇게 조직 단위 OKR 수립과 실행을 우선 이해하고 적응해 가다 보면 자연스럽게 팀원들까지 정착해 갈 수 있을 것이다. 다음은 약 1년간 OKR을 하고 있는 기업 CEO의 말이다.

"우여곡절을 겪으며 우리만의 OKR 방법을 찾은 것 같다. '우리 조직이 어떤 변화에 집중할 것인가?'라고 큰 것을 생각하고, 전사 OKR에서부터 변화를 시도했더니 많은 것이 달라졌다. 일례로 매장의 규모를 바꾸었더니 상품과 고객을 고민하기 시작했고, 관련한 새로운 MD시도와 마케팅 활동까지 변화가 생겼다. 그리고 구성원들도 이 변화에 뛰어들고 있다. OKR 초기에는 구성원 각자가 OKR을 세우고 도전하기를 기대했지만, 잘 안됐다. 지금은 전사 단위의 큰 OKR과 이에 연결된 팀 단위의 변화에 구성원들이 집중하고 자연스럽게 참여하는 형식으로 운영하고 있다."

개인 단위까지 OKR을 하는 경우

조직의 미션/비전에 대해서 구성원들이 명확하게 인지하고, 전략 방향, 성과에 대한 정의가 명확하다면, 당장 개인 OKR을 실행해도 문제가 없을 것이다.

궁극적으로는 개인 OKR까지 실행하는 것이 좋다. 왜냐하면 모든 구성원들이 조직 OKR에 기여하는 것이 OKR의 최종 지향점이기 때문이다. 만약 조직의 OKR에 반복적으로 소외되면 '자기 효용감'(자신이 중요한 일에 기여하고 쓸모 있는 존재라는 인식)이 떨어지고 동기가 약화되어 수동적으로만 일하기 쉽다. 무엇보다 피터 드러커가 말한 것처럼 조직에 기여하는 지식 근로자들이 일하는 조직을 만들기 위해서는 개인들이 조직의 목표를 이해하고 자신의 목표를 세울 수 있어야 한다.

나는 중요한 사람이 아닌가 봐요

한 중소기업의 사내 게시판에 익명의 글이 올라왔다. '내 업무는 오퍼레이션 업무다. 나는 조직 OKR에서 제외되었다. 소외감을 느낀다'는 내용이었다. 수많은 댓글이 달렸고, 전사적으로 이 문제를 해결하기로 했다. 그것이 "그럼 앞으로 개인 단위로 OKR에 자신의 업무를 다 담자"식이 되면 안 된다. 나는 이 조직에 다음의 세 가지 방법을 제안했다.

첫째, 투 트랙으로 OKR을 수립한다(원 트랙: 상위 조직 기여 + 투 트랙: 자체 팀/업무 미션에서 문제해결형 OKR).

둘째, 수평적인 공동 OKR이다. 팀 OKR, 특히 핵심결과별로 팀원들이 기여하고자 할 때 기여하는 사람들을 최소 2인 단위로 책임지도록 해서 소외되는 사람이 없도록 한다.

셋째, 구성원들이 불안한 근본 원인은 평가에서 불이익을 받을 수 있다는 것이기에, 평가의 기준을 다양화하고, 현재 오퍼레이션 업무의 중요성을 정기적인 대화를 통해서 리더가 얘기하도록 한다.

팀장의 팀원 OKR 코칭

팀장은 팀원의 OKR 수립을 지원하기 위해서 다음 질문들을 활용하여 코칭 대화를 나눈다.

① "팀 OKR 중 무엇에 기여합니까?" 혹은 "어떤 문제를 해결하기 위한 OKR입니까?" (우선순위 & 얼라인먼트)
② "핵심결과들은 목표를 충분히 설명합니까?" "이 핵심결과들이 달성되면, 목표가 달성되었다고 할 수 있을까요?" (구체성)
③ "핵심결과들은 측정할 수 있습니까?" (측정 가능성)
④ "어떤 새로운 시도를 하려고 합니까?" (도전성)

형식보다 더 중요한 것은 도전

조직마다 OKR 기간이 다르다. 대기업 S사의 한 계열사는 과거 MBO처럼 1년짜리 OKR을 수립해서 운영하고 있다. 스타트업 N사는 6개월 단위의 반기 OKR을 수립 운영하고 있다. 일반적으로 OKR은 분기 단위로 수립하는 것으로 알려져 있다. 왜냐하면 빠른 변화에 대응하면서 우선순위를 짧은 기간 단위로 설정하여 집중하기 위해서다. 이런 이유로 OKR 기간을 분기 단위로 설정하지만 무조건 분기 단위에만 가능한 목표를 맞춰서 수립하라는 뜻은 아니다.

형식적으로 정해진 기간에 목표를 맞추기보다 성취하고자 하는 간절한 목표 그 자체가 훨씬 더 중요하다. 만약 조직의 미래를 좌우할 목표가 있다고 하자. 모든 걸 쏟아부어서도 3년 내 달성이 힘들 정도로 크고 어렵지만 3년 내에 꼭 달성해야 한다면, 3년짜리 목표를 세울 수 있다. 대신 핵심결과를 분기 단위로 쪼개서 도전을 꾸준히 이어가면 된다.

어떤 조직은 1년 단위로 목표를 수립하고, 핵심결과들을 분기별로 수립하기도 한다. 다소 긴 시간(1년)이 필요한 큰 목표를 향해 3개월 정도의 집중과 임팩트 있는 결과를 만드는 좋은 방법이다. 기간에 목표의 크기를 맞추기보다 목표에 맞게 기간을 정하고, 3개월 혹은 그 이하로 핵심결과를 수립하여 집중과 도전을 유지하자.

6장

OKR 수립 종합 사례

사례① KPI 평가를 하다가 OKR을 도입한 중견기업

연 매출 300억 원, 150명 정도의 직원이 있는 사업부 단위 조직이 OKR 수립을 시작했다. 2020년까지 10여 년 동안 사업부 단위로 매년 경영 계획과 평가를 위한 KPI를 수립해 오다가 2021년부터 OKR 방식으로 변경하기로 했다. 그중 한 사업부의 OKR 수립 과정을 공유한다. 이를 통해 OKR 수립에 대해 한번 더 잘 정리하길 바란다.

과정 1: 자체 수립했던 최초의 OKR

목표: 2021년에는 매출 120억 달성.

핵심결과 ① ㄱ팀 매출 60억 달성.

핵심결과 ② ㄴ팀 매출 20억 달성.

핵심결과 ③ ㄷ팀 매출 40억 달성.

매년 경영 계획과 똑같이 OKR도 연도별 매출액만으로 수립했다.

과정 2: 좋은 목표를 위한 '중요한 대화' 시도

사업부 리더들과 사업의 미션과 비전, 고객, 전략, 문화 등에 대해서, 약 2주간 OKR 코칭 대화를 나눴다. '사업에서 가장 중요한 것이 오로지 매출뿐인지' 질문했을 때, 사업부장은 당연히 아니라고 했다. 매출도 중요하지만, 고객도 중요하고 직원들과 일하는 문화도 중요하다고 했다. 하지만 지금까지 회사의 사업부 평가 기준은 오로지 매출이었고, 매출 외에는 다른 것을 목표로 잡은 적이 없었다고 했다. 거의 10년 가까운 시간 동안 직원들의 머리에는 '회사는 매출만을 중요시한다'는 생각이 자리잡고 있었다. (내부 설문조사 분석 결과) 사업부 리더들은 중요한 대화 질문을 토대로, 팀원들과 '우리에게 중요한 것이 무엇인가?'라는 주제로 미션/고객/전략/문화를 담은 '중요한 대화'를 나눴다. 그리고 팀원들의 다양한 의견을 반영하여 OKR을 다시 작성한 뒤, 팀원들과 이를 공유하고 자유롭게 소통을 이어갔다. 향후 1년간 가장 집중할 것이 무엇인지 논의하고, 2021년 첫 분기에 집중할 목표가 무엇인지를 팀원들과 논의하여 정했다.

과정 3: 새 OKR 초안 수립

해당 사업부는 기존 매출지표로만 구성되었던 OKR과는 완전히 다른 OKR을 작성했다.

목표 1: 고객들의 콘텐츠 경험을 확대한다.

핵심결과 ① ◯◯분야 동영상 콘텐츠 30개를 개발 완료한다.

핵심결과 ② 유튜브 서비스 런칭 1개월 내 구독자 수 5,000명을 확보한다.

목표 2: 신규 브랜드 서비스를 성공적으로 출시한다.

핵심결과 ① 성공적인 브랜드 마케팅 전략을 수립한다.

핵심결과 ② 마케팅 계획을 실행한다.

과정 4: OKR 초안 리뷰 미팅

사업부의 리더들과 OKR 초안 리뷰 대화를 가졌다. 각 목표의 의미를 더 명확하게 정의했다. 이를 어떻게 이해했는지 구성원들과 점검했고, 목표별 각 핵심결과들의 '측정 가능성'과 '도전성'을 점검하면서 핵심결과를 설정했다.

목표 1: 고객의 콘텐츠 경험을 확대한다.

핵심결과 ① ○○분야 동영상 콘텐츠 30개를 ○월 말까지 개발한다.

핵심결과 ② 유튜브 서비스 런칭 2개월 내 구독자 수 1만 명을 확보한다.

핵심결과 ③ 브랜드 충성 회원 수를 3개월 내 현재 대비 5,000명 늘린다.

목표 2: 신규 브랜드 서비스 출시를 성공시킨다.

핵심결과 ① (성공1=관심 증가) 베타 서비스 오픈 후, 1주일 내에 댓글 수 150개를 확보한다.

핵심결과 ② (성공2=런칭 성공) 런칭 1개월 안에 판매 베스트 5에 오른다.

핵심결과 ③ (성공3=판매 결과) 런칭 2개월 후, 추가 생산량을 5,000개 늘린다.

과정 5: 사업부 OKR 확정

사업부장과 사업부의 리더들은 OKR 내용과 더불어, OKR을 달성하기 위해서 어떤 변화가 필요한지 구성원들과 소통했다. 소통 과정에서 구성원들이 목표 달성을 기대하고 있고, 또 해 보고 싶어 한다는 사실을 발견했다. 사업부장은 주저없이 이 OKR을 확정하였고, 각 팀들은 사업부 OKR에 기여하기 위한 OKR을 수립했다.

● OKR 수립 프로세스 요약

OKR 수립 단계	주요 내용
1. 중요한 대화	• 미션, 고객, 전략 관점 • 우리 조직이 반드시 성취해야 하는 것 • 고객이 겪고 있는 가장 큰 문제 • 제품/서비스의 변화, 내부 프로세스나 역량의 변화 등
2. 목표 수립	• 중요한 대화 결과, 우리가 집중해서 해결할 최우선순위를 선택 • 목표의 언어 (초점) : "________ 을 ___________ 한다."
3. 핵심결과 수립	• '행동'이 아닌 '결과' • 수립 1단계: 목표 정의하기 • 수립 2단계 ① 도전 목표: 목표 달성 요소별 도전 수치(현재값 + 도전값) 정하기 ② 필수 목표: 주요 중간 결과별 완료 기한(마일스톤) 정하기 • 핵심결과 언어(결과 형태, 측정, 도전) ① "(무엇)을 (현재 값(a))에서 (도전 값(b))으로 (증가/감소/변화)시킨다." ② "(무엇)을 언제까지 (개발한다. 구축한다. 완료한다.)"
4. 팀 OKR 정렬	• 조직 상황/특성 고려한 OKR 수립 단위(단계)를 결정 * 방향 조직, 실행 조직 2단계 고려 • 팀 OKR 수립을 위한 중요한 대화: ① 상위 조직 OKR에 무엇으로 기여할 것인가? ② 우리 팀이 해결해야 할 문제는 무엇인가? • 협업(수평적 연결) 점검 ① 상위 조직 OKR 공동기여(협업)팀 반영 ② 공동 OKR(협업자끼리 동일한 OKR)
5. 개인 단위 OKR (선택적)	• 초기에는 팀 OKR 단계까지 수립 추천 • 개인은 팀 OKR을 책임지고 실행하는 이니셔티브(실행 과제) 수립 • 가능한 한 모든 팀원이 팀 OKR에 기여할 수 있도록 도전 기회 부여

사례② OKR부터 시작한 스타트업

'향후 10년의 성장을 이끌 신제품 출시'라는 야심찬 목표를 세운 스타트업 이야기다. 위의 목표를 전사의 최우선순위 OKR로 정하고, 이에 기여하는 제품기획팀, 개발팀, 마케팅팀과 팀원들이 자발적으로 협업하면서 팀 OKR과 개인 실행 계획을 수립했다.

전사 OKR 수립 과정에서 팀장, 팀원까지 모여서 '중요한 대화'를 나누고, OKR을 수립했다. 가장 큰 우선순위 목표를 어떻게 표현하면 가슴이 뛸지 대화를 나눈 끝에, '고객들이 열광하는 신제품을 2분기에 출시한다'로 정했다. 고객이 열광한다고 생각하니 임직원들의 마음도 뜨거워지고 있었다. 그리고 이 목표의 달성을 다음의 세 가지로 정의했다. '베타 버전 성공' '베타 성공 경험 스토리 확보와 홍보' '출시 전후의 짧은 기간 내 유의미한 고객 수 확보'. 이 세 가지의 도전 수치를 결정하여 핵심결과로 수립했다.

제품기획팀, 개발팀, 마케팅팀은 전사 OKR에 기여할 팀 OKR을 자발적으로 수립했다. 제품기획팀과 개발팀은 하나의 공동 OKR을 수립했다. 전사 OKR의 '베타 버전 성공'과 '베타 성공 경험 스토리 확보'에 기여하기 위해, '성공 기대를 높이는 베타 버전을 만든다'를 목표로 세웠다. 그리고 이 성공 기대를 높이는 베타 버전을 '베타 버전 적기 완료' '베타 유저의 순추천지수' '마케팅을 위한 기술문서와 매뉴얼 완성'

으로 정의하고, 도전 수치를 포함한 핵심결과를 수립했다. 마케팅팀은 '사전 베타 검증 스토리 홍보'와 '출시 전후에 유의미한 고객 수 확보'에 기여하기 위해 '출시 후 성공을 최대한 앞당긴다'는 목표를 수립하고, '선 확보 고객 수' '출시 1개월 내 고객 수' '고객경험 마케팅'을 중요한 요소로 정의했다. 그리고 도전 수치를 포함한 핵심결과를 수립했다.

제품기획팀원, 개발팀원, 마케팅 팀원들은 팀들의 핵심결과 달성에 기여할 실행 과제를 팀 구분 없이 단독 혹은 협업으로 참여하면서 수립했다. 전사 OKR부터 개인의 실행 과제까지 정렬된 내용을 다음 쪽의 그림과 같이 도식화했다.

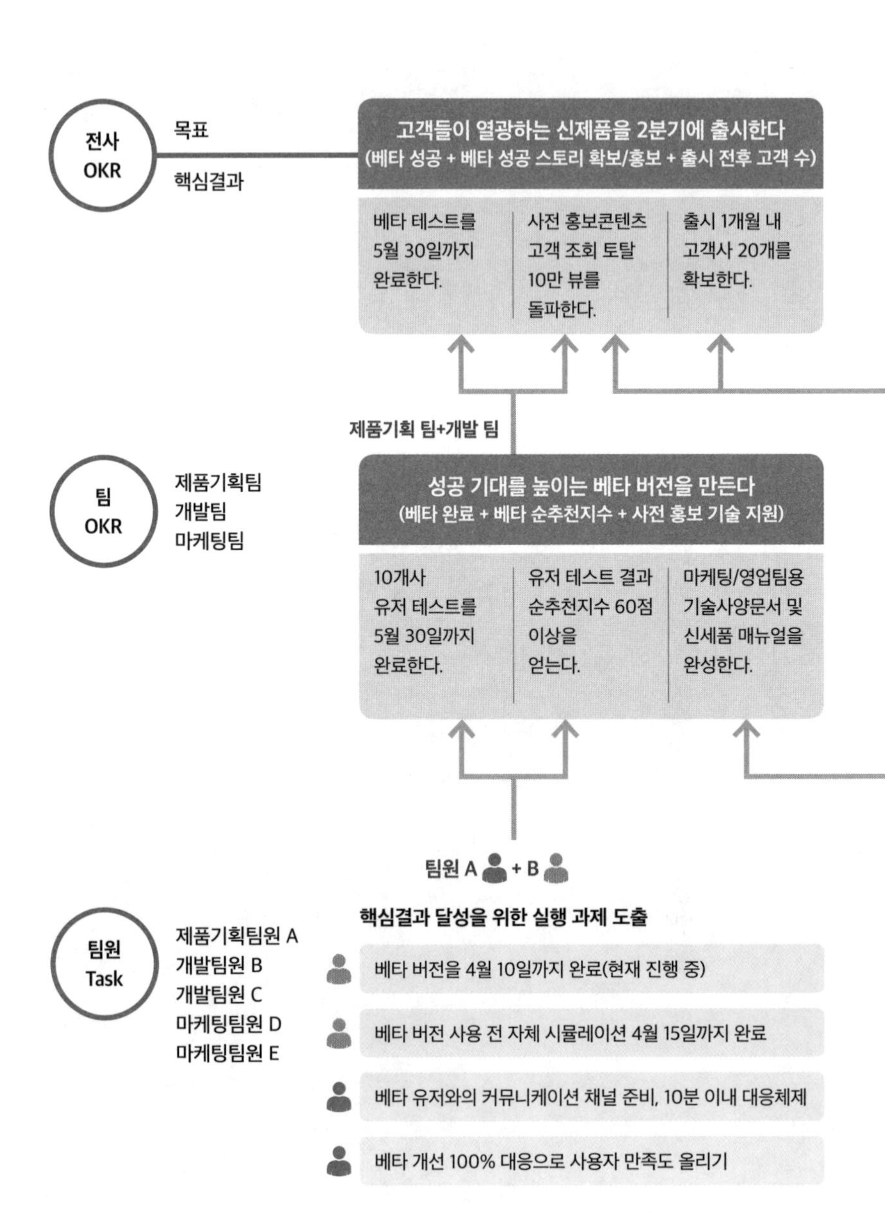

전사 OKR
목표
핵심결과
고객들이 열광하는 신제품을 2분기에 출시한다
(베타 성공 + 베타 성공 스토리 확보/홍보 + 출시 전후 고객 수)
베타 테스트를 5월 30일까지 완료한다.
사전 홍보콘텐츠 고객 조회 토탈 10만 뷰를 돌파한다.
출시 1개월 내 고객사 20개를 확보한다.
제품기획 팀+개발 팀
팀 OKR
제품기획팀
개발팀
마케팅팀
성공 기대를 높이는 베타 버전을 만든다
(베타 완료 + 베타 순추천지수 + 사전 홍보 기술 지원)
10개사 유저 테스트를 5월 30일까지 완료한다.
유저 테스트 결과 순추천지수 60점 이상을 얻는다.
마케팅/영업팀용 기술사양문서 및 신세품 매뉴얼을 완성한다.
팀원 A + B
핵심결과 달성을 위한 실행 과제 도출
팀원 Task
제품기획팀원 A
개발팀원 B
개발팀원 C
마케팅팀원 D
마케팅팀원 E
베타 버전을 4월 10일까지 완료(현재 진행 중)
베타 버전 사용 전 자체 시뮬레이션 4월 15일까지 완료
베타 유저와의 커뮤니케이션 채널 준비, 10분 이내 대응체제
베타 개선 100% 대응으로 사용자 만족도 올리기

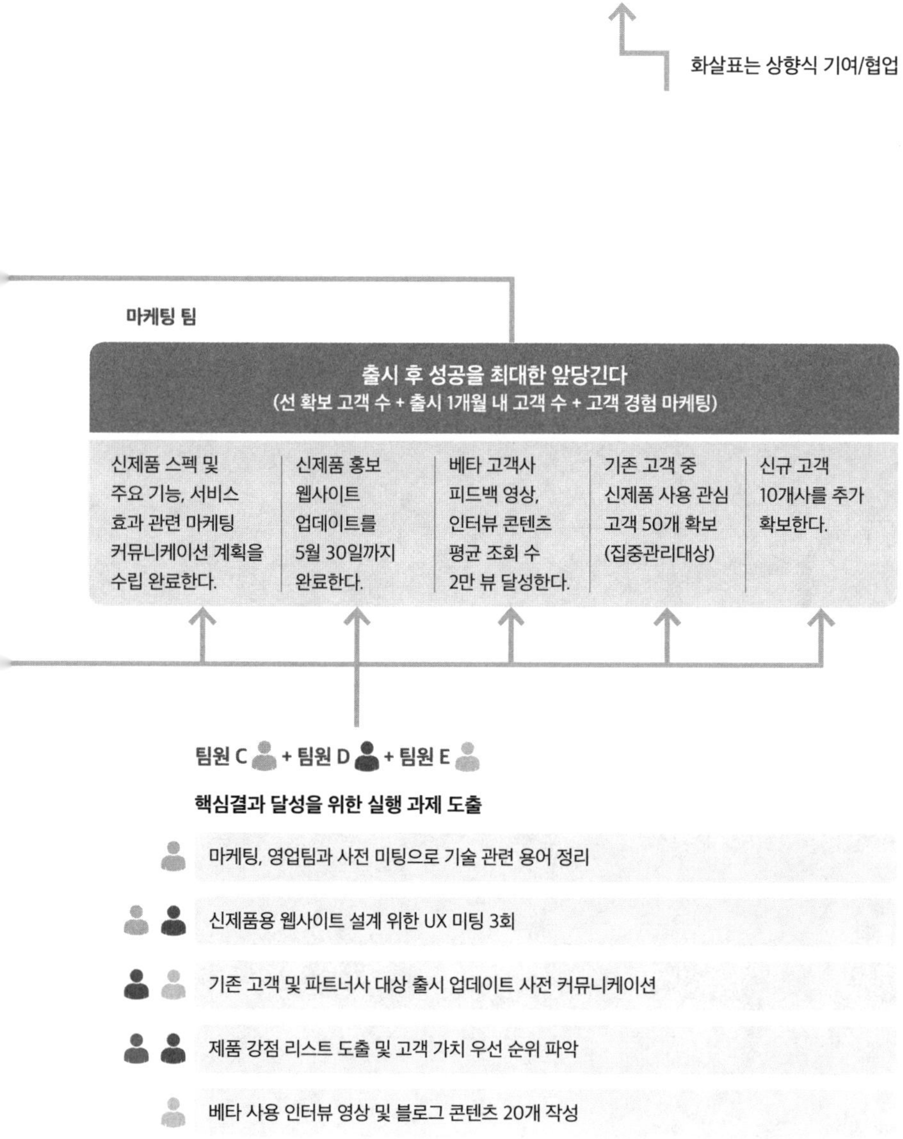

화살표는 상향식 기여/협업

마케팅 팀

출시 후 성공을 최대한 앞당긴다
(선 확보 고객 수 + 출시 1개월 내 고객 수 + 고객 경험 마케팅)

신제품 스펙 및 주요 기능, 서비스 효과 관련 마케팅 커뮤니케이션 계획을 수립 완료한다.	신제품 홍보 웹사이트 업데이트를 5월 30일까지 완료한다.	베타 고객사 피드백 영상, 인터뷰 콘텐츠 평균 조회 수 2만 뷰 달성한다.	기존 고객 중 신제품 사용 관심 고객 50개 확보 (집중관리대상)	신규 고객 10개사를 추가 확보한다.

팀원 C + 팀원 D + 팀원 E

핵심결과 달성을 위한 실행 과제 도출

- 마케팅, 영업팀과 사전 미팅으로 기술 관련 용어 정리
- 신제품용 웹사이트 설계 위한 UX 미팅 3회
- 기존 고객 및 파트너사 대상 출시 업데이트 사전 커뮤니케이션
- 제품 강점 리스트 도출 및 고객 가치 우선 순위 파악
- 베타 사용 인터뷰 영상 및 블로그 콘텐츠 20개 작성

OKR

GROWTH

3

이해 — 수립 — 실행 — 성공

시작할 것 그리고 함께할 것

G

R

On the same page

Win-win

T

H

공동의 목표를 향한 대화를 자주 나누면서
한 배를 타고 있음을 확인한다

피드백과 협업을 통해
시너지를 내고 함께 성장한다

7장

실행이 잘 안되는 이유

멋진 계획 증후군

기업의 규모가 커질수록 의사결정 단계가 복잡해진다. 실무자들은 보고서를 쓰는 데 어마어마한 에너지를 투입한다. 나 또한 과거 대기업에서 숱한 보고서 작업을 했던 경험이 있다. 팀장 - 실장 - 부문장 - 사장 - 부회장/회장까지 5단계의 보고 과정 동안 1.0에서 시작해서 수정 버전이 60을 넘겼던 적도 여러 번이었다. 보고서는 의사결정자에게 올라가는 동안 수많은 수정 단계를 거친다. 보고서 작성자와 중간 단계의 리더들로서는 완성도 높은 계획에 노력을 다 쏟고, 정작 중요한 실행을 제대로 못하는 경우가 적지 않았다. 실무자들 또한 계획 보고서를 작성하느라 지쳐버린다. 계획은 실행을 통해 결과로 이어져야 하는데, 실행보다 계획을 지나치게 중시하는 현실은 특정 조직의 이야기만은 아닐 것이다. 어떤 대기업에서 이를 해결하기 위해서 실행력 강한 인재를 뽑으라는 CEO의 지시가 있었고, 몇 개월간 실행력 강한 인재를 뽑기 위한 계획을 수립했다는 웃픈 이야기가 우리 현실의 한 단면일지 모르겠다.

소통을 위한 소통, 실행 없는 소통

어느 스타트업 대표를 만났다.

"OKR을 하는 건 좋은데, 실행을 위해 매번 회의만 하니 답답합니다. 회의하고 회고하느라 정작 현장의 문제를 해결하고 실행을 위한 시간이 확 줄었습니다. 현장 업무와 OKR은 충돌하는 것처럼 보일 정도입니다. 어떻게 하면 좋을까요?"

OKR은 책상에서 만들어지지 않는다. 반드시 실행해야 한다. 치열하게 아이디어를 모아서 최고의 OKR을 수립했다고 해도, 실행하지 않으면 아무것도 아니다. 실행 없는 OKR은 아이디어에 지나지 않는다. 실행을 잘하기 위해서 어떻게 해야 할까?

실행의 비밀, CFR

OKR은 성과를 창출하는 진정한 성과관리다. 앞서 1부에서 '성과관리는 목표하는 성과를 창출하기 위한 커뮤니케이션 과정'이라고 정의했다(31쪽 참조). 지속적이고 상시적인 커뮤니케이션 체제로 바뀌어야 한다. 지속적인 수시 성과관리를 가능하게 만드는 것이 바로 CFR이다.

'OKR 실행' = '실질적인 성과 창출' = '지속적인 성과관리'

CFR은 대화Conversation하고, 피드백Feedback하고, 인정Recognition하는 것을 말한다. OKR은 수립부터 실행의 끝까지 이 CFR로 작동한다고 해도 과언이 아니다.

OKR에서 대화란, 리더와 구성원 간의 목표 설정을 위한 '중요한 대화'부터 모니터링하고 측정하는 대화와 성과를 향상시키기 위한 코칭 등을 포함한다. OKR은 솔직하고 다양한 의견 교환 속에서 수립해야 한다. 그래야 그 목표와 핵심결과 속의 의미를 전달할 수 있다.

피드백이란 목표 대비 현재의 위치를 정확히 알고, 발전 상황을 확인하고 향후 개선 방향을 잡기 위해 스스로 점검하고, 리더/구성원들과 상호 소통하는 것을 말한다.

만약 OKR 실행 과정에서 피드백이 없다면 어떻게 될까? 목표를 달성하기 위한 집중과 성장은 사라지고, 달성 여부만 점검하는 또 다른 이름의 평가로 전락하게 될 것이다.

인정이란 동료의 기여를 칭찬하고 격려하고 감사하고 축하하면서, 함께 중요한 도전을 할 수 있는 힘을 불어넣는 것을 말한다. OKR은 만만치 않은 도전이다. 온 힘을 다 쏟는 집중과 전념이 꼭 필요하기에 OKR에서 인정은 없어서는 안 된다.

OKR이 초강력엔진을 장착한 자동차라면, CFR은 그 멋진 차량이 굴러갈 수 있도록 만드는 연료라고 비유할 수 있다. 존 도어는 그의 책 《존 도어 OKR》에서 이렇게 설명했다.

> CFR은 일종의 의사소통 촉진제이자, 가장 중요한 것을 측정하기 위한 완전한 실행 시스템이다. CFR 속에는 앤디 그로브가 언급한 혁신의 의미와 그 위력이 담겨 있다. 또한 CFR은 OKR에 인간적인 목소리를 더한다. CFR과 OKR은 서로를 강화한다.

CFR이 얼마나 대단하길래 이렇게 표현했을까? 지금부터 CFR에 대해서 구체적으로 살펴보자.

CFR에 대한 오해와 현실

어떤 스타트업 CEO가 CFR에 대해서 듣고는 "CFR의 의미를 들어보니, 우리는 소통을 잘하고 있다"라고 자신 있게 말했다. 하지만 구성원들을 통해서 확인한 사실은 그렇지 않았다. "대표님은 자신이 하고 싶은 이야기만 한다." "나는 공감할 수가 없지만, 회사니까 어쩔 수 없다"는 반응이 대부분이었다.

글로벌 교육컨설팅기관 블레싱화이트Blessingwhite의 성과관리 연구보고서Performance Management: Assess or Unleash에 따르면, 피드백 미팅에 대해서 매니저의 61%는 유익한 시간이었다고 응답한 반면, 똑같은 피드백 미팅을 한 약 60%의 직원은 시간낭비, 화가 나거나 두려운 시간, 혹은 무의미한 시간이라고 응답했다. 이 통계자료를 우리나라 조직의 임직원들과 공유하면 상당수가 공감하는 모습을 볼 수 있었다. 우리의 대화, 소통의 현실도 이와 유사하기 때문이다. 업무 현장의 대화는 주로 리더의 일방적인 주도로 이루어지는 경우가 많으며, 피드백 또한 리더 자신의 이야기를 전달하는 방식이 대부분이다.

어느 팀장이 김 대리를 찾았다. "김 대리님, 우리 대화 좀 나눌까요?" 김 대리는 한참 하던 일을 중단하고, 수첩을 챙겨 들고 회의실로 갔다. 리더 대상의 소통 교육을 받고 온 팀장은 오늘 김 대리와 좋은 대화를 나눠보겠다는 결심으로 그를 부른 것이다. 먼저 라포Rapport(상대방과 형성되는 친밀감 또는 신뢰관계)를 형성하기 위해서 요즘 관심사가 무엇인지, 건강은 어떤지, 고향에 계신 부모님은 잘 지내시는지 등등 개인적인 질문들을 하기 시작했다. 그리고 현재 수행 중인 과제가 어떻게 되어 가는지 질문한다. 김 대리의 이야기를 들은 팀장은 그 과제에 대해서 자신이 생각하는 방식을 이야기하기 시작한다. "라떼는 말이야~" "내 경험으로 말하는데 말이야~" 하면서 나름대로 좋은 이야기를 긴 시간 말해 주었다. 겉으로 보면 이 팀장은 매우 열심히 소통하는 리더처럼 보인다. 그러나 실제 김 대리는 갑작스러운 미팅콜에 당황하였고, 집중하고 있던 일에 방해를 받았다. 또 개인적인 질문에 라포 형성은커녕 당황스럽기만 했다. 적극적인 팀장의 이야기는 현재 자신이 하고 있는 방식과도 맞지 않을뿐더러, 마치 '이렇게 하라'는 지시처럼 들려서 혼란스러웠고 기분도 좋지 않았다.

한 대기업 계열사의 팀장이 신임 임원이 되었다. 임원 발령 후, 본부 직원들에게 소통하는 리더의 모습을 보여주고자 의욕을 가지고 일대일 면담을 시작했다. 본부원 한 명씩을 자신의 사무실로 불렀다. 직원이 자리에 앉자마자 수첩을 열고, '이름' '주소' '가족' 등을 묻고, 수첩에 적어 갔다. 답변 중에 궁금한 점은 다시 묻곤 했다. 면담보다는 취조에 가까웠다.

빠르게 급성장한 어느 스타트업의 경영지원 본부장은 자신이 CFR을 잘하고 있다고 하면서, 무려 이틀간 팀장과 몇몇 팀원과 일대일 미팅을 했다. 많은 시간을 투자하는 열심은 좋았지만, 본부원들은 본부장의 일대일 면담 때문에 일하는 시간만 뺏겼고 대화는 뻔한 이야기였다고 평가했다. 무엇보다 이런 면담을 1~2주 후에 또 해야 한다는 것이 끔찍하다고 했다.

공통의 관심사, 목표로 대화하라

점심식사나 회식자리에서 나누는 많은 이야기를 리더는 소통이라고 생각하는 반면, 직원들은 괴로운 업무의 연장이라고 여긴다. 존 도어는 "목표가 없으면 대화를 나눌 주제도 없다"라고 말했다. 목표는 대화를 하게 만든다. CFR은 OKR 없이는 그 효과를 드러낼 수 없고, OKR은 CFR이 없으면 작동할 수 없다. 그 이유는 바로 대화의 주제가 공통의 관심사, '목표'이기 때문이다. 대화와 피드백, 인정은 항상 그 대상이 명확해야 한다.

소통을 강화하는 교육을 받고, 업무 현장에 돌아온 수많은 리더가 제대로 소통을 시작해 보지도 못하는 이유는 리더와 구성원들이 각자 다른 목표로 일하고 있기 때문이다. 그러다 보니 업무 현장에서의 대부분의 대화는 리더로서 업무지시에 가깝고, 직원들은 지시 수행 후 보고가 된다. 함께 대화할 공통의 관심사가 있는지 점검하자.

질문으로 대화하라

대화는 질문으로 시작한다. 구글과 같은 실리콘밸리 기업들이나 OKR을 잘하는 기업들의 공통점은 조직의 중요한 것을 결정하고, 도전적인 목표를 수립하고 실행할 때, 질문에서 시작하는 대화를 한다는 것이다. OKR 수립을 위한 첫 단계 질문은 바로 "앞으로 3개월 동안 우리에게 가장 중요한 것은 무엇이라고 생각합니까?"이다. 또한 "우리 팀은 어떻게 고객에게 최고의 가치를 만들어 낼 수 있을까요?" "내·외부의 어떤 문제를 해결해야 할까요?" 등의 질문들이다(3장의 '중요한 대화' 부분 참고).

구글의 전 CEO였던 래리 페이지는 구글 직원들에게 이러한 질문들을 하도록 요구했다고 한다. "어떤 획기적인 시도를 해야 할까요?" "어떤 위험에 도전해야 할까요?" "무슨 일을 포기해야 할까요?" "자원을 어디에 집중해야 할까요?" 만약 목표를 달성하지 못했다면, "이번에는 목표를 달성하지 못했습니다. 앞으로 어떤 변화가 필요할까요?" 이러한 질문은 조직원들이 새로운 변화와 시각을 가지게 만들고, 대화하면서 방법을 찾아가도록 도와준다. 질문을 통해서 대화와 고민의 과정을 거치고, 좋은 목표를 만들고, 도전하고 실행할 수 있다.

좋은 목표 수립, OKR 수립 점검, 측정과 모니터링, 피드백, 성장을 위한 코칭 등 어떤 만남에서든 질문을 활용하여 대화해 보자.

도입부터 CFR은 시작된다

커머스 분야에서 빠르게 성장 중인 스타트업 B사 CEO는 OKR을 알게 되자 너무나 하고 싶은 마음이 들었다고 한다. 그래서 즉시 담당자로 하여금 구성원들에게 OKR을 안내하고 바로 실행하도록 지시했다. 담당자는 OKR의 개념과 실행 방법과 절차를 정리한 가이드라인과 언제까지 OKR을 수립하여 제출하라는 안내 메일를 전 구성원에게 보냈다. OKR을 하면 좋은 이유에 대한 구성원들의 공감대가 형성되기도 전에 일방적으로 실행을 시도했던 것이다. 이에 대한 나의 우려를 들은 CEO는 OKR 작성 지시가 담긴 전체 메일을 취소하고, 구성원들과 몇 차례에 걸친 소통을 진행했다. 이후 지금까지 소통을 중심으로 OKR을 실행해 오고 있다. "OKR 덕분에 제 개인의 삶에도 큰 변화가 생겼습니다. 너무 좋습니다. 감사합니다." 그 CEO의 목소리가 아직도 생생하게 기억난다.

소셜 벤처계에서 활동 중인 한 소통 전문가는 'OKR 도입 단계에서부터 소통이 매우 중요하다'고 강조한다. OKR의 핵심은 구성원들의 자발성이기 때문에 도입 시에 일방적으로 추진하기보다는 구성원들에게 변화 필요성, OKR 소개, OKR이 도움이 되는 점 등 구성원들이 OKR을 이해하고 관심과 필요에 대한 공감대를 강조했다. 이것을 '잦은 공유의 소통'이라고 불렀다.

만약 이미 OKR을 시작한 조직이라면, OKR에 대한 구성원들의 의견을 한번 들어볼 필요가 있다. 회사가 OKR을 하려는 의도가 제대로 전달되지 않았다면, 지금이라도 소통하면서 자신들에게 맞는 OKR을 만들어 갈 것을 추천한다.

이 책에서는 OKR의 기본 주기를 '분기'로 설정하였다. 분기로 주기를 설정하면 짧은 기간으로 집중력을 극대화하면서, 빠른 변화에 대응하는 데 효과적이다. 만약 조직의 사업 특성상 OKR을 1년 주기로 해야 한다면, 핵심결과는 분기에 한 번씩 변경해 가는 방법을 추천한다.

아래 그림은 분기 단위의 OKR 타임라인이다. OKR은 한 분기를 기준으로 처음부터 마지막까지 대화, 피드백, 인정으로 꽉 채워진다 (OKR 타임라인은 11장 208쪽에서도 한 번 더 설명을 해두었다). 주간 집중 과정부터 분기 피드백까지의 실행 과정에서 CFR이 어떻게 이루어지는지 알아보자.

● OKR 타임라인

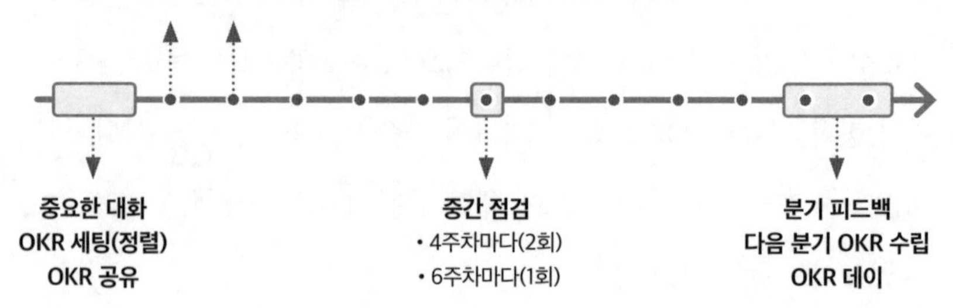

8장

매주 OKR에 집중하고 실행하기

열두 번의 위크 원을 만들자

자, 이제부터는 어떻게 하면 OKR을 효과적으로 실행할 수 있는지 살펴보자.

결과를 만드는 실행이야 말로 OKR의 핵심이라고 할 수 있다. OKR 수립 후, 분기 첫 주인 '위크 원Week one'의 월요일이 밝아 온다. (지금의 아마존을 만든 초심 문화처럼, 언제나 첫날을 의미하는 '데이 원Day one'의 의미를 담아 '위크 원'이라고 표현했다. OKR 수립 당시의 도전 초심을 매주 유지하기 바란다.)

무엇부터 해야 할까? 내가 책임지는 팀 OKR이나 자신의 OKR을 위해 이번 주 집중할 실행 과제를 수립하고 업데이트하고 공유한다. 그리고 실행 과정에서 리더와 대화하면서 문제를 해결해 간다. 그렇게 한 주간 실행에 집중하는 위크 원을 꾸준히 반복하면 OKR 결과에 매우 가까워질 것이 분명하다.

목표를 향한 실행 과정의 최소 단위인 주간 단위의 실행이 무너지면 마치 큰 둑에 작은 구멍이 나서 둑이 무너지는 것과 같다. 특히 연간 평가 중심의 성과관리 제도를 운영하던 기업이 OKR을 도입하는 경우 더더욱 주간 실행 프로세스를 만드는 것이 중요하다. 이런 실행 프로세스가 없으면 OKR 수립 후, 분기가 끝날 때까지 실행에 집중하지 못하다가 분기 말에 예전처럼 평가하는 방식으로 돌아가게 된다. 주간 실행 프로세스를 사수하면 목표 집중과 실행 습관을 조직에 정착시킬 수 있고 목표와 계획을 실제의 결과로 만들 수 있다. 주간 실행 프로세스 운영은 구성원들에게 큰 변화로 다가올 수 있기에, 다른 변화관리와 마찬가지로 주의가 필요하다. 조직의 업무 특성이나 OKR의 기간, 구성원 수용도 등을 감안하여 매주 혹은 격주 중에서 유연하게 선택하는 것이 좋다. 또한 CFR은 사람과 사람 간에 일어난다는 점을 명심해야 한다. 소통을 통해 집중하고 문제를 해결하는 방식이다. 기계적으로만 운영하거나 리더와 동료들과의 대화 방식에 실질적인 변화가 없으면 오히려 조직원들이 대화를 시간낭비라고 생각하는 부작용이 생길 수 있다.

그렇다면 OKR 주간 실행 프로세스를 어떻게 운영할까? (이 책에서는 1주 단위로 설명한다.) 다음의 OKR 포커스 미팅을 살펴보자.

OKR 포커스 미팅 Focus meeting

월요일, OKR 집중의 시작을 여는 자리가 바로 OKR 포커스 미팅이다. OKR 진척을 위해서 이번 주에 반드시 집중할 우선순위 과제를 수립하고 공유하는 회의다. 각 팀원은 자신이 책임지고 기여하기로 한 팀의 핵심결과들이나 자신의 OKR을 달성하기 위해서 금주에 무슨 일을 할지 정하고 공유한다. 동료들과 함께 해결해야 할 일이 있다면, 협력이 필요한 점도 논의한다.

대부분의 조직은 매주 월요일 주간업무회의와 같은 정기적인 주간 단위 회의를 진행하고 있다. OKR 포커스 미팅은 또 다른 회의를 만들기보다 주간업무회의 시간을 활용해서 짧고 생산적으로 진행하는 것이 좋다. 주의할 점은 순서다. 기존의 주간업무회의에서 하는 업무 공유와 지시사항 전달 등을 먼저 하는 것이 아니라, 반드시 주간 OKR 집중 과제 공유/논의를 먼저 진행해야 한다. 그러고 나서 현재 업무 공유는 남은 시간에 꼭 필요한 것들만 이야기하는 것이 좋다. 회의시간이 OKR 포커스 미팅으로 길어지게 되면, 참가하는 구성원들은 부담스럽다. OKR 중심으로 공유하고 논의하다 보면, 기존의 업무 공유는 회의 방식이 아닌 공유문서에 남기는 방식으로 더 간소화되기도 한다. 순서가 바뀌지 않도록 주의하자. 팀의 우선순위에 우선적으로 시간과 에너지를 투입하기 위해서다.

어느 패션 중소기업 CEO가 "업무공유회의 후에 OKR 회의를 했더니 참석자들의 집중력이 이미 떨어져 있었다. 순서를 지켜야 하는 이유를 알았다"라고 밝혔다. 《구글이 목표를 달성하는 방식 OKR[Radical Focus]》의 저자 크리스티나 워드케[Christina Wodtke] 또한 월요일 회의를 강조했다. 특히, 월요일 회의가 나열식으로 현황을 점검하는 것이 아닌 OKR에 대한 집중으로 이어지는 회의 분위기를 조성할 것을 충고했다.

OKR 포커스 미팅 가이드

언제 하는가?

월요일, 미리 정한 시간에 팀 미팅을 시작한다.

어떻게 하는가?

팀장(리더)은 '우리 팀의 OKR'을 리마인드하고, 각 팀원들은 자신이 책임을 맡은 핵심결과에 대해 지난주까지의 현황과 금주 집중할 과제를 공유한다. 팀 OKR에 직접 기여를 하지 않는 팀원이 있다면, 개인 단위 OKR에 대해서 공유해도 좋다. 팀원들은 월요일 미팅 전까지 이번 주 자신의 주간 집중과제 계획을 미리 생각해 오도록 한다. 모든 팀원들의 이야기가 끝나면 리더인 팀장은 사기를 북돋워주고, 높은 에너지를 유지할 수 있도록 분위기를 관리한다.

미팅 시간은 어느 정도면 적당한가?

월요일 팀 미팅은 깊이 있게 집중해서 논의하되 1시간을 넘기지 않는 게 좋다. 전사 단위 OKR 미팅도 같은 방식으로 진행한다.

전사 OKR, 본부 OKR, 팀 OKR이 있다면, 포커스 미팅은 어떤 순서로 진행하는가?

OKR 수립순서가 전사에서 본부, 팀 순서라면, 주간 OKR 포커스 미팅은 팀 OKR → 본부 OKR → 전사 OKR 순서로 진행하는 것을 추천한다. 한국 기업들의 기존 주간업무회의 방식처럼 OKR 포커스 미팅을 전사부터 시행하면 CEO가 이번 주에 할 일을 지시하고, 본부장은 팀장에게, 팀장은 팀원에게 "위에서 이렇게 결정했어요. 이걸 하세요" 하는 식으로 실행을 위한 지시사항 전달이 될 수 있다. OKR은 수립되고 나면 방법과 실행에 대한 제안은 하향식 지시가 아닌 아래에서 제안하는 상향식으로 작동해야 한다. 팀원들이 주체가 되어 집중할 과제를 자율적으로 수립하는 분위기를 조성하기 위해 순서를 고려하도록 하자.

최고의 대화 일대일 미팅*

지금은 일대일 미팅 시대다. 일대일 미팅의 목적은 팀원들이 주중에 하는 수많은 일 때문에 자칫 놓치기 쉬운 목표에 대한 집중을 유지하는 것이다. OKR에 온전히 집중하며, 목표달성을 위해 필요한 이야기를 나누는 시간이다. 이 시간은 달성 여부를 따지거나 평가하거나 문책하는 시간이 아니다.

OKR 일대일 미팅의 핵심 포인트는 리더가 아닌 팀원이 주도하는 미팅이다. 팀원은 자기가 책임지는 핵심결과나 주간 집중과제의 주인으로서 실행하면서 부딪히는 어려움이나 도움이 필요한 점 등을 리더와 공유하고, 지원을 요청한다. 이에 대해서 리더는 상황을 상세히 파악하고, 팀원의 목표 달성을 위한 지원을 아끼지 않는다.

일대일 미팅 가이드

'누가 누구와' 하는 것인가? 직속 리더와만 하는 것인가?

기본적으로는 직속 리더와 소속 구성원 간의 미팅이다. 팀장과 팀원, 본부장과 팀장, CEO와 본부장이 일대일 미팅을 하면 된다. 그러나 OKR의 내용과 협업의 정도에 따라서 일대일 미팅을 더 다양한 사람

---

* 원래는 '원 온 원(1 on 1) 미팅'이라고 부르지만, 이 책에서는 '일대일 미팅'이라고 하겠다.

들과 확장해서 진행해도 된다.

예를 들어 A팀 팀원이 B팀 팀장이나 팀원과도 OKR 실행상 연결이 있다면 얼마든지 요청하고 만날 수 있다. 단, 일대일 미팅 도입 초기에는 직속 리더와의 미팅만으로도 부담스러울 수 있기에 일대일 미팅을 정착시킨 뒤 확대해 가는 것이 좋다.

무슨 이야기를 나눠야 하는가?

일대일 미팅의 핵심은 리더가 아닌 실행하는 당사자(팀장, 팀원이라면 팀원)가 주도하는 자리라는 사실을 잊어서는 안 된다. 이것이 가능하려면 팀원이 일대일 대화의 주제(미팅 아젠다)를 미팅 전에 리더에게 전달하는 것이 좋다. 일대일 미팅 아젠다를 사전에 공유하지 못했다면, 미팅 중에 자연스럽게 발견하여 논의할 수 있다. 리더는 다음의 두 가지 '열린 질문'을 활용하면 좋다.

Q "이번 주에는 무엇에 집중하고 있나요?"

이 질문으로 현재 집중하고 있는 일과 그 일의 내용, 그리고 핵심결과를 위한 도전이 어떤 방식으로 진행되고 있는지 등 업무진행 상황을 구체적으로 파악할 수 있다.

Q "실행 과정에서 어려운 점, 도움이 필요한 점은 무엇인가요? 내가 무엇을 도와줄까요?"

이 질문은 단순히 도움이 필요하면 요청하라는 의미가 아니다. 구성원이 성과 창출 과정에서 겪고 있는 문제를 파악하여, 그 해결 방법을 논의하는 대화를 하라는 뜻이다.

일대일 미팅은 구성원뿐 아니라, 리더에게도 유익한 시간이다. 리더가 구성원과 1년에 50회에 가까운 일대일 미팅을 한다면, 구성원과 팀 업무의 상황을 이해하고, 성과 창출을 지원하는 코칭 능력을 키울 수 있다. 또한, 문제 해결을 집중적으로 논의하면서 리더의 전략적인 사고 능력도 키울 수 있을 것이다.

'얼마나 자주' 만나면 좋은가?

매주 한 번은 만나는 것이 가장 좋다. 업무의 특성에 따라서 2주에 한 번씩 만나는 것도 괜찮다. 갤럽 조사에 따르면, 일대일 대화의 최적 빈도는 '매주'라고 한다. 리더가 일주일에 한 번 일대일 체크인하는 경우 팀원의 평균 몰입 비율은 13% 증가하는 반면, 한 달에 한 번 일대일 체크인할 때는 몰입 비율이 5% 하락했다고 한다. 즉, 한 달에 한 번 이뤄지는 팀원과의 일대일 미팅은 오히려 악영향을 줄 수 있다는 것이다(마커스 버킹엄, 《일에 관한 9가지 거짓말》). 왜 그럴까? 일대일 미팅은 목

● 아젠다가 없는 미팅(좌)과 있는 미팅(우)의 차이

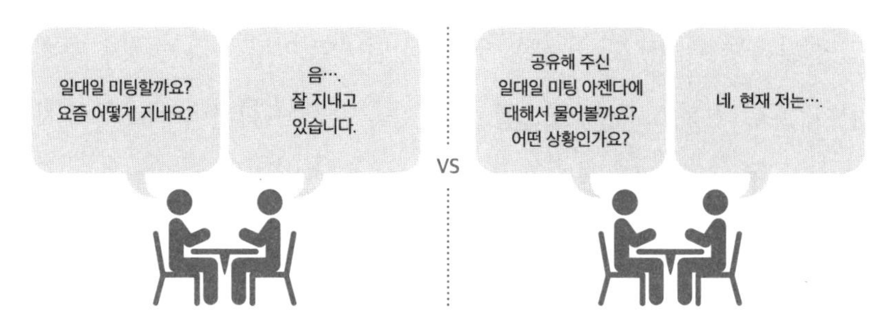

● 리더가 주도하는 미팅(좌)과 팀원이 주도하는 미팅(우)의 차이

- 지난주에 지시했던 일은 다했나요?
- A 과제는 이렇게 해 보세요.

- 네, 마무리했습니다.
- 네, 알겠습니다. 마무리하는대로 보고드리겠습니다.

VS

- 무슨 일에 집중하고 있나요?
- 어려운 점은 없나요? 무엇을 도와줄까요?

- 이번 주에는 A라는 과제를 시도하려고 하는데….
- 이런 어려움이 있습니다(난관, 고민사항 등).
- 어떻게 이 문제를 해결할 수 있을까요?

표에 집중하고 실행의 효과성을 올리기 위해서 자주 나누는 대화인 반면, 월 1회 미팅은 실행과 지원 논의보다 리뷰, 피드백, 평가에 가깝다고 느껴지기 때문이다.

일대일 미팅은 빈도가 중요하다는 것을 잊지 말자. 앤디 그로브는 그의 책 《하이 아웃풋 매니지먼트》에서 "경험이 적은 직원들과는 자주 일대일 면담을 갖고(주 1회), 경험이 풍부한 베테랑 직원과는 그보다 적게(몇 주에 1회) 면담하는 것이 좋다"라고 했다. 그러나 나는 아무리 일을 잘하는 직원과도 최소한 격주 1회 일대일 미팅을 하는 것을 추천한다. 트위터 전 CEO 딕 코스톨로는 "일을 잘하는 직원이라고 해서 자주 미팅을 하지 않는 것은 올바른 상대를 선택해서 결혼을 하고는 상대방과 시간을 함께 보내지 않는 것과 똑같다"라고 말했다. 책 《실리콘밸리의 팀장들》의 저자 킴 스콧Kim Scott은 "일 잘하는 직원과 소통을 적게 하는 것은 위험한 전략이며, 최고 성과를 올린 직원을 이해하는 데 충분히 시간을 투자하지 않으면 그들이 특정한 시점과 특정한 단계에서 어떻게 성장할 수 있는지 알 수 없다"라고 말했다.

일대일 미팅을 얼마나 자주 할 것인지는 이 책의 내용을 참고해서 각 조직의 상황에 맞게 실행하길 바란다. 팀 공유 일정표에 각자 일대일 미팅 일정을 기록해 두자.

미팅 시간은 어느 정도가 적당할까?

일대일 미팅 시간에 대한 정답은 없다. 다양한 의견이 존재한다. 일대일 미팅을 하는 조직들은 약 20분에서 1시간 사이에서 다양하게 하고 있다. 어떤 스타트업 CEO는 30분, 어떤 리더는 45분 정도를 적당하다고 말한다. 다 좋다. 다양한 의견들과 경험을 종합해 보면, 30분 정도가 적절해 보인다. 그런데 조직들마다 상황이 다르고 리더마다 맡은 조직의 크기(구성원 수)가 다르다. 일대일 미팅 대상자 수가 많다면, 리더로서는 매우 부담이 될 것이다.

한 명의 리더가 일주일에 약 150분(초기에는 2시간, 익숙해지면 3시간까지)내외의 시간을 사용한다고 생각하고, 전체 시간에서 일대일 미팅 대상자 수를 나눠서, 인당 일대일 미팅 시간을 정하는 것을 추천한다. 예를 들어 주 150분 시간을 사용해서 5명의 팀원과 인당 약 30분 정도 시간을 가지는 식이다. 만약 8명이라면 약 20분 정도를 가지면 된다. 그렇다고 팀원이 한 명인 경우, 그 한 명과 150분을 하라는 이야기는 아니다. 그 경우에는 팀장의 주간 일대일 미팅 총 시간을 줄이면 된다.

특히 한국 기업들의 리더들에게는 OKR 도입 초기의 일대일 미팅 시간은 15~20분이 적당하다. 대한민국 리더들에게 일대일 미팅은 생소하다. 구성원들도 처음이라 미팅 아젠다 공유를 어려워한다. 그럴 때 리더는 구성원에게 억지로 미팅 아젠다를 정해서 알려 달라고 하지 말고 앞에서 제시한 두 가지 질문으로 자연스럽게 만나되, 자주(매주) 그리고 짧게(15분) 하면 된다.

수많은 리더가 일대일 미팅 얘기만 듣고, 해 보지도 않고 부담스럽다고 말하는 것을 수없이 들어왔다. 이렇게 부담을 최소화해서 시작해 보고, 짧은 미팅에서 좋은 경험을 쌓아가면서 시간을 조금씩 늘려가자. 팀원들의 OKR 실행에 실질적인 도움이 되는 대화만 나누는 시간으로 시작하자. 15분은 처음 시도하는 리더들에게는 적절한 시간임을 여러 조직에서 경험했다. 일대일 미팅을 3개월 동안 꾸준히 진행한 여러 리더들과 구성원들로부터 "처음에는 걱정했는데, 하면 할수록 정말 좋았다"라는 피드백을 들었다. 미팅 시간도 처음에는 15분 미팅으로 시작했지만 점점 시간이 늘어서, 평균적으로 20~30분 사이로 진행했다고 한다. 어떤 리더는 15분만에 미팅을 마치려고 하니 '이렇게 짧게 대화하고 마쳐도 되나?' 하는 생각이 들었다고 한다. 괜찮다. 깔끔하게 마쳐도 된다. 다음 주에 또 만난다.

잊지 말자. OKR 아젠다로! 집중해서! 짧게! 15분에서 출발하자.

언제 하면 좋을까?

이 또한 정답은 없다. 언제든지 좋다. 사업 방식에 따라 한 주의 시작과 끝이 조직마다 다르기 때문이다. 월요일에 시작해서 금요일에 마치는 보통의 조직들은 월요일 OKR 포커스 미팅 후, 주중에 시행하는 것이 좋다. 한 주가 끝나가는 금요일은 팀원에게 필요한 도움을 제공하기에 적절한 타이밍이 지났을 가능성이 있다. 가급적이면 금요일이 아닌 주중에 시행하는 것이 좋지만, 일하는 과정에서 언제든지 상시적으로 하면 된다.

어디서 하면 좋은가?

약속된 미팅 장소를 잡는다. 리더가 구성원에게 찾아간다는 의미로 구성원의 공간이 좋다. 캐쥬얼한 공간일수록 좋지만, 회의실도 괜찮다. 그러나 흡연장소나 식사 자리는 절대 피해야 한다. 목표에 집중하기보다 회사 내 정보 공유나 가벼운 대화로 바뀔 수 있다.

별도의 자료가 필요할까?

필요하지 않다. OKR 내용을 가지고 미팅하면 된다. 월요일 포커스 미팅이나 일대일 미팅을 위해 추가로 양식을 만들어서 정리할 필요는 없다. 관련 소프트웨어를 사용하면 기록과 보관에 효과적이지만, 일대일 미팅의 내용을 OKR 양식의 해당 핵심결과에 기록해 두는 것으로도 충분하다.

일대일 미팅이 처음인 리더와 구성원들에게 어색한 것은 어찌 보면 당연하다. 리더는 말을 하고, 팀원은 듣는 데 익숙했기 때문이다. 그러나 몇 주가 지나면 팀원이 주도하는 미팅을 경험하게 될 것이다.

이상의 일대일 미팅 가이드라인을 참고하여 각 조직의 상황과 리더와 팀 구성원의 스타일에 맞게 시행하면 일대일 미팅의 효과를 누릴 수 있다.

일대일 미팅의 사례들

매주 15~30분의 시간이 조직성과에 대한 집중도를 높이고, 구성원의 업무 주도성을 높이고, 리더십과 코칭 능력을 변화시키고, 조직의 소통 문화를 개선하는 데 큰 효과가 있다는 것이 다양한 조직에서 확인되었다. 이외에도 일대일 미팅의 효과에 대한 여러 증거들을 살펴보자.

관리자와 부하 직원 사이의 정기적인 일대일 미팅의 중요성을 처음으로 강조한 사람은 피터 드러커다. 드러커는 그의 책《피터 드러커의 자기경영노트》에서 관리자의 일대일 미팅은 일상업무를 위함이 아니라, 중요한 일에 대한 논의고, 이를 통해 특정한 행동을 할 수 있도록 하는 것임을 강조했다.

일대일 미팅은 리더와 팀원 간의 기본적인 업무 관계 이상의 관계를 만든다. 그리하여 팀 리더와 팀원이 함께 성장하는 데도 매우 효과적이다. OKR의 원조인 앤디 그로브는 이 점을 특히 중요시했다. 수십 년간의 리더 경험을 통해 일대일 미팅 가이드를 만들었을 뿐 아니라, 인텔의 관리 원칙 중 하나로 일대일 미팅을 정한 이유기도 했다. 리더와 팀원 간의 업무 관계를 발전시키고, 팀원 주도하에 상호 학습하는 도구로 일대일 미팅을 전사적으로 사용해 오고 있다.

일대일 미팅의 또 다른 효과는 리더의 성장이다. 리더는 조직의 성과를 책임지는 사람이다. 조직장으로서 조직원들을 이해하고, 전략과 코칭을 통해 성과창출을 도와주는 것이 당연한 책임이다. 링크드인의 전 CEO였던 제프 와이너는 〈퍼스트 라운드 리뷰First Round Review〉 인터뷰The Management Framework that Propelled LinkedIn to a $20 Billion Company에서 "나의 팀과 일주일에 2시간을 내서 일대일 미팅을 꾸준히 했더니, 코칭과 전략의 리더십을 키우는 데, 어마어마한 가치를 경험했다"고 말했다.

일대일 미팅을 해야 하는 이유 중에 가장 강조하고 싶은 효과는 '온 더 세임 페이지On the same page'다. 이 책의 6가지 성장원칙GROWTH 중 O에 해당한다. 사전적인 정의는 '사람들이 합심하여 조화롭게 일하는' 이라는 뜻이다. 어떤 조직은 정기적인 회식이나 체육대회 같은 행사를 통해 이 효과를 얻을 수 있다고 생각한다. 물론 약간의 효과는 있을 것이다. 그러나 우리가 같은 목표를 향하고, 함께 실행하고 있다는 인식과 마음의 동기화Synchronization는 정기적인 일대일 미팅을 통해서 얻을 수 있다. 페이스북의 CEO 마크 저커버그Mark Elliot Zuckerberg는 COO 셰릴 샌드버그Sheryl Sandberg가 입사한 2008년부터 지금까지 일대일 미팅으로 한 주를 시작하고 한 주를 마친다고 한다. 일대일 미팅의 전통을 지켜오면서, 'On the same page'를 경험했다는 증언은 우리에게 시사하는 바가 매우 크다.

지금까지의 일대일 미팅 효과와 사례들은 우리 기업들에게 앞으로 일대일 미팅을 해 볼 충분한 이유를 말해 주고 있다고 믿는다. 한편, 일대일 미팅의 사례들이 주로 해외 사례들이라 국내 사례가 있는지 궁금해하는 독자들이 있을 것이다. 일대일 미팅을 하고 있는 국내 기업들도 있다. 그중 콘텐츠 플랫폼 기업 P사의 CEO는 처음에는 일대일 미팅을 하는 이유에 공감하지 못했지만, 직접 일대일 미팅의 효과를 경험하고 나서는 월 단위에서 주간 단위로 바꿀 정도로 더 열심히 하고 있다. 앞으로 국내 기업들에서 일대일 미팅 성공 사례들이 많이 나오기를 진심으로 바란다.

칭찬과 격려로 추진 동력 만들기

여러분이 조직에서 일대일 미팅을 시작했다면, 이미 어마어마한 변화가 시작된 것이다. OKR에 집중하기 시작했고, 중요한 것을 위한 대화가 조직에 자리잡기 시작했기 때문이다. 그런데 계속 이렇게 52주를 하려면 힘들 것이다. OKR은 힘든 여정이다. 그래서 조직의 리더와 구성원들에게 에너지가 필요하다. 이 에너지를 어떻게 줄 수 있을까? 서로의 노력과 수고를 격려하고 칭찬하고 감사하는 시간을 가질 때, 우리에게는 다시 도전할 힘이 생긴다. 서로 칭찬하고 격려하는 긍정의 상호 인정이 OKR의 동력이다.

포커스 미팅이나 일대일 미팅의 대화 중에 상시적으로 칭찬과 격려를 주고받는 것이 가장 바람직하겠지만, 매주, 분기, 1년의 마무리 시간에 칭찬과 격려와 감사를 조직의 의식Ritual으로 만들면 효과적일뿐더러, 조직 문화로까지 만들 수 있다. 스타트업 B사는 금요일Friday의 이름을 바꿔서 플라이데이Flyday라고 명명하고, 이 날은 서로를 칭찬하고 격려하는 날로 정했다고 한다. 또 식품회사 G사는 금요일 회의에 고정 프로그램으로 한 주 동안의 OKR 성과를 공유하고, 동료들끼리 칭찬을 주고받는 시간으로 한 주를 마무리한다고 한다. 큰 비용 없이도 동료들이 서로 인정하고 격려하고 감사하고 축하하는 말 한마디를 나누는 시간을 가져보자. 이렇게 한 주를 마무리하고 퇴근하는 모습을 상상해 보라. 지친 어깨를 펴게 되고 흐뭇한 미소와 기운이 느껴지지 않는가?

한국 기업의 분위기에서 평소에 공개적으로 동료를 칭찬하거나 감사의 말을 전하는 것은 어색한 일이다. 그렇다고 바쁜 시간 중에 별도로 칭찬하는 시간을 내는 것은 더 어색하다. 어떻게 하면 좋을까? 최근 몇몇 기업들은 어플리케이션을 이용하여 동료에게 칭찬 메시지를 보내거나 칭찬 스티커(혹은 포인트)를 동료에게 줄 수 있도록 하고, 월 단위로 가장 칭찬을 많이 받은 사람, 가장 칭찬을 많이 한 사람에게 포상을 하고 있다. 월간 MVP를 뽑아 파격적인 시상을 하는 몇몇 기업이 기사에 등장하기도 한다. 그만큼 동료들에게 도움을 주거나 모범이 되는 언행이 도전과 협업, 그리고 소통의 문화에 효과적이다.

건강한 실행 프로세스 만들기

이런 비유를 생각해 보자. 몸에 좋은 영양제들이 시중에 셀 수 없이 많다. 그것들을 매일매일 모두 복용하면 정말 건강해질까? 반드시 그렇지는 않을 것이다. 오히려 부작용의 가능성도 있다. 사람마다 현재의 건강 수준과 생활패턴을 고려하여 가장 필요한 것을 취하는 것이 좋다. 조직도 마찬가지다. 좋은 실행 방법과 도구를 조직에 기계적으로 도입하고 적용한다고 해서 무조건 좋아지지 않는다. 중요한 것은 자주 그리고 지속적으로 집중하는 대화를 나누고 서로 격려하면서 힘을 북돋워 주는 것이다. 이 중요한 원칙 아래에서 각 조직의 특성에 맞게 주간 실행과 소통의 프로세스를 만들어야 한다. OKR 실행에 필요한 것을 하나씩 순차적으로 실행하면서, 구성원들과 그 효과를 함께 경험하는 정착 방법이 좋다.

● 주간 집중 실행 프로세스 위크 원 정리 도표

구분	시기	내용
OKR 포커스 미팅	월요일 (주초)	• 지난주까지의 현황, 금주 집중할 과제 공유 • 조직 OKR 단계: 팀부터 전사 순 • 기존 주간업무회의 시간 활용 • OKR포커스 미팅 먼저, 현황 점검 회의 나중, 짧게
일대일 미팅	주중 (언제든지)	• 리더가 아닌 팀원이 주도하는 미팅 • 일대일 미팅 아젠다 사전공유 • 아젠다 없는 경우, 리더의 두 가지 질문 • 주 1회 혹은 격주 1회(추천) • 1회 30분 내외(OKR 도입 시에는 15분 추천)

9장

중간 점검하기

우리의 OKR은 안녕하십니까?

매주 위크 원을 만들면서 열심히 실행 과제(이니셔티브)에만 집중하다 보면, 추구하는 결과가 어떻게 변하는지 놓칠 수 있다. 그래서 실행 과정 중간에 OKR의 핵심결과가 어떻게 달라지는지, 문제는 없는지 살펴보고, 검토하는 시간이 필요하다. 이 시간을 '중간 점검' 또는 '중간 회고'라고 부른다. OKR 수립 후, 내·외부의 변화 때문에 계획했던 OKR의 수정 및 보완이 필요 없는지 검토하기 위해서다. 지금까지의 진척 상황을 점검하다 보면 외부의 상황이 바뀌었거나 중요한 고객의 가치를 놓쳤거나 우리의 예측이 틀렸다는 것을 발견할 수 있다. 이런 경우, 처음에 세운 OKR의 적정성 여부를 판단해서 즉시 수정해야 한다. 만약 외부적인 변화가 있는데도 기존 목표를 바꾸지 않는다면, 잘못된 길로 더 열심히 달려 가는 꼴이 된다. 링크드인의 전 CEO 제프 와이너는 분기의 중간인 6주차에 하루 종일 회사 밖에서 경영진들과 OKR 점검 미팅을 가졌다고 한다.

OKR 중간 점검은 조직마다 자신들의 업무와 소통 방식에 맞게 진행하되, 월 단위(4주차) 혹은 1/2분기(6주차) 시점에서 아래의 가이드를 참고해서 시행하면 좋다.

중간 점검 가이드

어떻게 중간 점검할 것인가?

현재까지의 중간 결과를 리뷰하면서 아래 세 가지 선택권을 활용하는 방식으로 진행한다. OKR 각각에 대해서 지속Continue할지, 중단Stop할지, 새로운 OKR을 시작Start할지 논의하고 결정한다.

1 지속하기

목표를 향해 순항 중인 OKR을 그대로 유지하면 된다. 혹은 유지하되 보완이 필요한 경우는 "어떤 보완이 필요한가?" "핵심결과 설정이 불충분한가?" "핵심결과의 교체 혹은 추가가 필요한가?" "일정을 수정해야 하는가?" 등의 질문들을 활용한다.

2 중단하기

목표가 내·외부 상황의 변화로 그 쓸모나 의미가 없어졌을 때 최선의 선택은 중단이다. 우선순위 목록에서 없애야 한다. 예를 들어, 갑작스러운 코로나 팬데믹과 같은 상황이 와서 사업장이 몇 주간 폐쇄 조치되거나 고객들이 찾아오지 않는 경우라면, 기존의 성장 목표는 유지가 불가능할 것이다. 그렇다면 해당 OKR을 중단해야 한다.

3 시작하기

어떤 OKR이 중단되었다면, 새로운 목표의 OKR을 중간에라도 시작할 수 있다. 앞에서 예로 든 코로나 상황에서 기존 오프라인 사업장에서 손을 쓸 수 없는 OKR은 중단하고, 비대면 고객 서비스를 빠르게 구축하는 OKR로 전환해야 한다면 분기 중간이지만 새로운 OKR을 추가하고 시작할 수 있다. 이렇게 OKR을 중단하거나 새로 시작하는 경우에는 모든 구성원들과 이 사실을 공유해야 한다.

이 외에도 유지Keep - 문제Problem - 개선노력Try 구조의 중간 점검 방식도 있다. 현재 자기 조직의 OKR에서 잘되고 있는 점, 문제점, 개선할 점을 진단하고 논의한다. 만약 문제점이 개선으로 나아지지 않는다고 판단되면, 중단을 결정하고 새로 시작할 목표나 핵심결과로 대체할 수 있다.

중간 점검하기에도 순서가 있는가?

중간 점검하기도 상위 조직부터 하는 것이 좋다. 전사 OKR이나 사업부 OKR과 같은 상위 조직의 중간 점검하기는 특히 중요하다. 만약 시장 상황이나 전략의 변경이 발생한다면, 이는 조직 전체에 영향을 미치기 때문이다. 상위 조직의 전략적인 변화가 발생한다면, 신속하게 구성원들에게 공유하여, 팀과 구성원들의 중간 점검에 반영되어야 한다.

여러 조직이 동시에 협업하는 OKR의 경우는 어떻게 하는가?

중간 점검하기는 OKR 단위로 시행한다. 어떤 OKR은 수평적인 OKR로 여러 조직의 리더와 구성원들이 협업한다. 협업자 모두가 대상이 되는 OKR에 대해서 중간 결과를 측정하고, 앞에서 설명한 CSS(Continue - Stop - Start) 점검을 시행한다.

중간 점검을 통해 OKR을 변경한 사례

플랫폼 비즈니스를 하는 어느 스타트업이 두 번째 분기 OKR을 시행하는 중간에 코로나19 상황이 발생했다. 코로나의 직접적인 영향을 받았기에 회사의 리더들은 기존의 OKR을 계속 운영하는 것은 의미가 없다고 판단했다. 즉시 OKR 중간 점검 회의를 소집했다. 1개월간 실행해 온 기존 OKR을 중단하기로 결정하고, OKR을 다시 수립했다. 2개월짜리 코로나 대응 OKR을 수립하고, 전 조직 구성원이 이에 정렬하여 일사분란하게 코로나 위기를 헤쳐나갔다.

코로나 위기대응 OKR

목표: 코로나19의 위기를 기회로 삼고, 성장의 발판을 마련한다.

핵심결과 ① 재무적 손실을 최소화한다(최소 기본 매출선 00억 원 유지).

핵심결과 ② 코로나 환경 핵심 서비스 ○○개를 언제까지 출시하고, 고객 000명을 확보한다.

핵심결과 ③ 온라인 기반 과제 ○○개를 ○일 내에 완료한다.

핵심결과 ④ 모바일 환경 근무 체계와 지속가능한 일하는 방식을 2개월 안에 정착한다.

10장

OKR 마무리

성찰과 관찰의 만남, 분기 피드백

한 분기(일반적인 OKR의 주기)가 마무리되고 있다. 목표했던 OKR의 결과를 만들기 위해 최선을 다했던 지금까지의 결과와 노력을 돌아보는 시간이다. 지금 하고 있는 OKR을 어떻게 마무리하면 좋을까?

목표가 비전을 향하고, 미래를 바라보는 것이라면, 피드백은 현실을 직시하고 현재 나의 위치(좌표)를 정확하게 확인하도록 도와준다. 목표 - 실행 - 피드백은 항상 강하게 연결되어 있어야 한다. 목표를 세우고 전진(실행)하고, 위치(자기 좌표)를 확인하고, 다시 목표를 향하고 미래로 전진하는 선순환고리를 만드는 것이 피드백을 하는 이유다.

그래서 피드백은 단순히 했던 일을 나열하는 것에 그쳐서는 안 된다. 계획한 목표와 실제 창출한 결과를 비교하고, 분석하고, 이 분석을 바탕으로 더 나아지기 위한 성찰까지 포함해야 한다. 피드백은 리더가 팀원에게 단순히 "수고했다." "잘했다"고 말해 주는 시간이 아니다. 팀원 스스로 실제 결과와 실행 과정을 제대로 분석(성찰)했는지 함께 살펴보고, 리더로서 관찰한 팀원의 잘했거나 부족했던 점을 토대로 코칭하는 것이다.

피드백은 성찰과 관찰의 만남이라고 정의할 수 있다. 자신의 경험을 분석/성찰하고, 동료와 리더의 관찰을 토대로 성장을 이야기하는 것이 피드백이다. 페이스북 COO 셰릴 샌드버그는 그의 저서 《린인 Lean In》에서 피드백을 경험과 관찰로부터 도출한 의견이라고 말했다. 피드백이 효과적이고 자신에게 도움이 되는 경험을 하려면, 자신을 돌아본 내용과 타인으로부터 듣는 의견이 얼마나 진지한가에 달렸다. 피드백을 단순히 절차로만 생각하고 형식적으로 진행할수록, 구성원들의 반응은 피드백을 또다른 일이나 시간낭비로 생각한다. 반면 피드백이 자신에게 도움이 되는 경험을 할수록, 꼭 필요한 과정이라고 생각하게 된다.

또한 분기 피드백은 피드백으로만 끝나지 않는다. 피드백은 다음 OKR을 위한 '중요한 대화'로 연결된다. 현재까지 진행해 온 OKR을 피드백하고 다음 분기에 어떤 도전을 이어갈지 자연스러운 대화로 이어가게 된다.

과거 인터뷰를 통해 접한 어느 스포츠팀의 피드백 미팅이 생각난다. 2018~2019 KBL 프로농구 우승은 울산 현대 모비스가 차지했다. 챔피언 결정전 MVP는 당시 모비스팀의 가드였던 이대성 선수였다. 전자랜드와의 챔피언 결정전 2차전을 패하고, 3차전을 승리한 뒤 3차전 수훈선수 인터뷰 중 모비스팀이 어떻게 회고했는지 소개했다.

"지난 경기 저희가 졸전을 했잖아요. 그렇게 지고 나서 잠을 안자고 새벽까지 동료들과 경기를 복기하고, 2차전에서 드러난 우리들의 문제를 해결하지 않으면 승리할 수 없다(목표를 달성할 수 없다)는 점과 어떻게 해결할 것인지 리더인 양동근 선수를 중심으로 정말 이야기를 많이 나눴습니다."

리그 우승을 목표로 하는 프로 스포츠 선수들이나 비즈니스 현장에서 미션과 고객을 위한 목표에 매주 도전하는 사람이라면 이 도전 실행이 제대로 되고 있는지, 결과가 나타나고 있는지, 어떤 문제가 발견되었는지, 문제의 원인이 무엇인지 어떻게 하면 문제를 해결할 수 있는지 끊임없이 소통하고 그 내용을 다시 실행으로 옮겨야 한다.

OKR 마무리는 매년 연말에 해 왔던 평가를 분기 단위로 자주 하자는 것이 결코 아니다. OKR 목표 달성 확인으로 끝나지 않고, 실제 결과에 대한 면밀한 분석과 검토로 더 나은 목표를 추구하고 결과를 만들기 위함이다. 이러한 OKR 마무리는 자기 피드백self feedback - 동료 피드백peer feedback - 리더 피드백leader feedback의 3단계로 진행하면 좋다. 각 단계별 가이드를 살펴보도록 하자.

자기 피드백

OKR은 피터 드러커의 목표와 자기통제에 의한 경영에 기반한다. 이 원리와 원칙은 OKR 모든 단계에 반영되어 있다. OKR 수립 단계에서 '중요한 대화'의 참여, 상향식 수립, 실행 단계에서 직원이 주도하는 일대일 미팅, 그리고 마무리 단계에서의 자기 피드백이 그것이다. 자신이 책임지고 기여한 OKR에 대해 스스로 피드백해야 한다. 만약 자신의 주도적인 OKR 실행을 누군가에 의해 일방적이고 수동적으로 평가받으면 자율성과 자기주도성은 금방 수동성으로 변하게 될 것이다.

일반 기업에게 자기 피드백은 생소하지 않을 것이다. 대부분 기업들의 연말 평가 과정은 자기 평가부터 시작한다. 문제는 자기 평가가 리더의 최종 평가 등급을 잘 받기 위한 자기 PR처럼 진행된 것이다. 그러나 OKR의 자기 피드백은 리더에게 더 나은 등급을 받기 위한 자기 홍보가 아니다. 성과와 성장을 위한 논의가 중심 내용이 되도록 진지하고 엄격하게 스스로를 돌아보는 과정이다. 조직은 자기 주도의 피드백 문화가 조성되도록 노력해야 한다. 이를 위해서 리더는 구성원의 자기 피드백을 존중하고, 리더 본인의 의견을 더해서 구성원을 지원하는 방식으로 리더 피드백을 진행해야 한다. 리더의 피드백이 중요하지 않다는 의미가 아니라, 구성원의 자기 피드백이 피드백의 중심이 되야 한다는 의미다.

자기 피드백 가이드

어떻게 자기 피드백할 것인가?

팀 OKR이나 자신이 책임진 일부 OKR에 대한 실제 결과를 정리, 측정하고 분석한다. 자신이 분기에 했던 모든 일을 나열하지 않도록 주의한다.

자기 피드백을 SSCSS 피드백 방식으로 진행한다. 첫 번째 S는 최종 결과와 그 과정에서의 상황Situation을 팩트 체크하는 것이다. 두 번째 S는 점수Scoring를 매긴다. 단순히 진척도를 점검하는 것이 아니다. 세 번째 C는 다음 분기에 계속Continue하면서 발전시킬 것이다. 네 번째 S는 완료했거나 더 이상 의미가 없어서 멈추는Stop 것이다. 마지막 S는 이번 분기의 실행 결과와 진행 상황에서 배운 것을 통해 다음 분기에 무엇을 시도Start해 볼 것인가다.

● SSCSS 피드백 양식

목표	목표 점수	핵심 결과	S	S		C	S	S
			성취 결과 내용 (구체적, 상세하게)	핵심결과 진척도	자기 평가 점수	잘한 점 지속할 점	중단할 점 개선할 점	새롭게 시작할 점 (다음 분기 도전)

한국의 여러 조직들이 OKR로 일하는 새로운 방식을 도입하면서, 과거 일하는 방식과 달리 소통과 피드백에 대한 적잖은 부담을 가진다. SSCSS 피드백은 분기 피드백과 다음 분기 중요한 대화를 한 번에 진행하는 비교적 효율적인 방법이 될 것이다. 앞의 두 단계(SS)는 지금까지의 분기와 관련된 내용이고, 이를 토대로 뒤의 세 단계(CSS)에서 다음 분기를 위한 '중요한 대화'가 된다.

1단계 SS: 실제 결과 Situation 와 점수 Score

OKR의 실제 결과에 의한 최종 상황을 팩트와 데이터를 기반으로 가급적이면 자세하게 작성한다. 만약 데이터 확인이 쉽지 않다면, 예상하는 결과나 최근까지 확인된 결과를 기록한다. 매주 도전했던 많은 과제와 일대일 미팅의 기록들을 면밀히 살펴야 한다.

OKR 점수를 부여한다. '점수'와 '평가'를 헷갈리지 않도록 한다. 이 점수 부여의 목적은 단순한 달성도 점수가 아니다. 효과적인 피드백을 하기 위한 척도로서의 점수다. 도전과 실제의 상황을 냉정하게 돌아보는 고민 과정을 만드는 데 목적이 있다.

예를 들어 점수를 60점이라고 부여했다면, 60점을 만들어 낸 잘한 점과 40점의 아직 남은 도전과 개선할 점을 모두 돌아보는 데 이유가 있다. 60점은 어떻게 달성할 수 있었는지 돌아보아야 한다. 뿐만 아니라 남은 40점은 앞으로 어떻게 해결할 것인지를 돌아보도록 가이드하는 척도로서의 점수인 것이다.

점수는 어떻게 부여하는가? (구체적인 점수 부여 방법)

점수는 '진척도 ±α'로 작성한다. 여기서 α란 OKR 결과 과정의 실제 도전 수준, 실행 과정의 난이도, 새로운 시도 등 업무 과정의 질적인 변화다. OKR 수립 당시에는 대단히 도전적일 줄 알았는데 의외로 쉬운 목표였을 수 있고, 반대일 수도 있다.

예를 들어, OKR 결과의 진척도가 70%인데 시장 환경이 매우 어렵고 타 경쟁사들이 고전을 면치 못한 가운데 얻은 결과라면 어떻게 점수를 부여할 수 있을까? 그 70%라는 달성 수준에 어려운 상황에 대한 도전과 유효한 시도들이 있었다면, +20%의 점수를 더 부여하여 90점을 부여할 수 있다. 반대로 70%를 달성했지만, 시장 상황이 너무 좋았고, 타 경쟁사들이 평균 80% 이상을 해내는 상황이었다면 어떻게 점수를 부여할 수 있을까? 상황이 쉬웠던 반면, 결과를 만들어 내는 도전은 낮았다고 볼 수 있다. 새로운 방법의 시도 등 질적으로 나아진 점이 없었다면 -20%를 반영하여 50점을 부여할 수도 있다. 즉 질적인 면에서 부족했음을 스스로 반영하는 것이다. 그리고 50점의 성공과 50점의 실패를 엄격하고 냉철하고 피드백해야 한다.

가능한 한 스스로에게 엄격한 점수를 부여하는 것이 좋다. 이렇게 핵심결과 각각의 점수를 부여한 뒤, 핵심결과들의 평균점수가 목표의 점수가 되도록 한다.

최종 진척도와 점수를 따로 기록하는 이유는 진척도가 아니라 점수를 고민하는 과정에서 자신의 성장에 도움이 되는 피드백 내용이라는 점을 잊지 않기 위해서다. 그리고 그 점수를 통해 스스로 더 나아질 수 있도록 자신에게 피드백을 충실하게 작성하기 위해서다.

2단계 C: 잘한 점, 지속할 점Continue

좋은 결과를 만들었다면, 왜 고객이 우리를 선택했는지 알아야 앞으로 성공을 이어갈 방법을 찾아서 발전시킬 수 있다. 지난 분기 중 특별히 축하(인정)받고 싶은 점이 있다면 꼭 기록한다. 그리고 다음 분기에 지속적으로 유지해야 하거나, 더 잘해야 할 점들을 정리한다.

3단계 S: 중단할 점Stop, 개선할 점

반대로 기대한 결과를 만들어 내지 못했다면, 원인을 분석해 본다. 그러면 실패나 부진의 핵심 이유를 찾게 될 것이다. 그것은 앞으로 하지 말아야 할 점이다. 개선과 새로운 도전은 '더 할 것'을 찾는 것이 아니라, '하지 말아야 할 것'을 분명히 아는 것에서 시작한다.

4단계 S: 새롭게 도전할 점Start

지난 분기에 잘해 내고 성공한 점에 이어서 더 큰 목표를 향한 새로운 도전을 세운다. 진행 중인 결과는 다음 분기에 그다음 결과를 향한 도전으로 이어간다. 중단할 점은 새로운 도전으로 대체한다.

조직 단위 OKR의 자기 피드백 방법

OKR이 조직 단위 OKR, 개인 단위 OKR로 나누어져 있는 것처럼, 자기 피드백 또한 조직과 개인 차원에서 진행한다. 조직 OKR의 자기 피드백을 리더의 자기 피드백으로 하기보다는 조직원들이 다같이 하는 단체 피드백으로 진행하는 것을 추천한다. 조직 OKR의 최종 결과, 진척도 등의 결과를 정확하게 측정/정리하고 팀 OKR 점수(진척도 ±α)를 부여한다. 그리고 이 결과를 위해 12주간 시도한 노력들(주간 집중 실행 과제들)과 잘한 점과 부족했던 점을 토의하고 정리한다. 그 속에서 배운 것들을 이야기하고, 향후 팀의 성장을 위한 자산으로 구축한다. 이 피드백 시간은 조직의 학습과 직결되는 매우 의미 있는 시간이며, 팀원들의 개인 피드백 기준이 된다. 팀이 실패한 사안에 대해서 진지한 피드백이 이루어지면, 팀원들은 심리적 안전감을 느끼고 OKR에 대한 자기 피드백에서 더 솔직할 수 있다. 또한 조직 OKR의 자기 피드백 시간은 다음 분기 OKR을 위한 '중요한 대화'가 된다.

조직 단위 OKR 피드백과 개인 차원의 자기 피드백 순서

OKR 수립처럼 피드백에도 순서가 있다. 상위 조직 OKR 피드백부터 시작하는 것을 추천한다. 전사부터 본부, 팀 OKR 순서로 자기 피드백을 하면 좋다. 이런 순서를 소개하면, 조직장들은 '팀원들이 자기 피드백을 해야 그걸 합쳐서 조직 단위 피드백을 할 것이 아닌가?' 라고 생각할 수 있다. 하지만 OKR에서는 평소에 지속적인 성과관리를 해 왔기 때문에 위에서부터 피드백이 가능하다. 실행 과정이 상시로 투명하게 공유되어 왔고, 일대일 미팅을 통해 조직장과 조직원이 긴밀하게 논의해 왔으며, 결과의 진척도를 수시로 공유해 왔기 때문에 가능하다. 모두가 함께 집중해 온 조직 공통 OKR 피드백부터 시작하자.

조직별 리더와 구성원들이 모여서 SSCSS 방식으로 논의한다. 뒤의 CSS는 자연스럽게 다음 분기 OKR을 위한 중요한 대화가 된다. 상위 조직을 책임지는 리더부터 자기 평가를 더 엄격하고 솔직하게 하고 공유하면 얻을 수 있는 효과가 있다. 바로 조직 전체의 피드백의 기준이 일치된다. 전사 OKR에 대해 CEO와 임원들이 면밀하게 측정하고 피드백하면, 팀과 개인 OKR 피드백에서 적용되는 조직 전체 기준이 된다.

만약 아래서부터 자기 피드백이 올라가게 되면, 팀원들 피드백의 합과 조직의 실제 결과가 차이가 생길 가능성이 높다. 팀원들은 자신이 열심히 한 수고에 초점을 맞추는 경향이 강하다. 그렇게 되면 팀원들은 모두 스스로 잘했다고 하는데, 팀의 OKR은 성과를 창출하지 못한 불일치가 발생할 수 있다. 반면 위에서부터 자기 피드백 순서를 지키면 상위 리더들이 더 솔선수범하는 분위기를 만드는 데도 도움이 된다.

자기 피드백은 언제 시행하는가?

조직 단위는 OKR 분기 마지막 달의 2주차부터 3주차에 시행하되 (조직 단계에 따라 2주차에서 4주차), 다음 분기 OKR 수립까지 연결한다. 그리고 팀원의 자기 피드백과 동료 피드백을 현재 분기의 마지막 주나 새 OKR분기 첫 주에 시행한다. 단, 이런 시행 기간과 일정은 OKR 수립 단위와 조직 규모 등에 따라 결정해도 전혀 문제가 없다.

● OKR 피드백과 수립 상세 가이드라인(조직에 따라서 조정 가능)

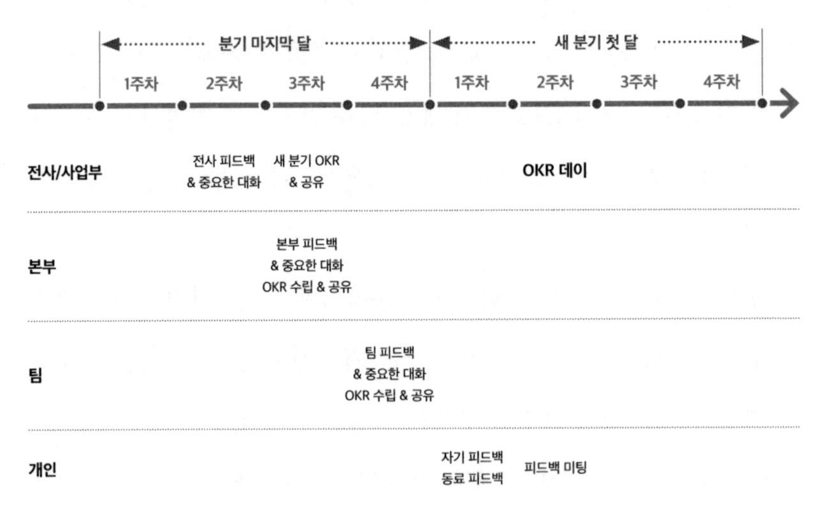

동료 피드백

동료 피드백에 대해 부정적인 경험을 가진 조직이 의외로 많다. "우리도 예전에 360도 다면평가 같은 걸 도입해 동료 피드백을 해 봤는데……"라면서 결과적으로 인기투표가 되었다든지, 마음에 안 드는 동료를 안 좋게 평가해서 평가의 신뢰성이 없었다든지, 감정적이고 심한 말 때문에 서로 상처만 받고 부작용만 있었다는 경험담을 들었다. 대부분 기업들이 동료 피드백을 시작한 후, 이를 참고용으로만 활용하는 것으로 바꾸거나 폐지했다. 이러한 문제가 생긴 것은 동료 피드백을 동료가 무언가를 결정하는 부담스러운 평가로 운영했거나, 반대로 참고만 할 형식적인 과정으로 운영했거나, 아니면 서로 무슨 말이든 하고 싶은 말을 다하는 방식으로 운영했기 때문이다.

동료 피드백은 동료를 판단하고 평가 등급을 부여하는 것이 아니다. 불만을 감정적으로 쏟아내는 익명 게시판도 아니다. 동료와의 업무 경험을 바탕으로 동료의 성과 창출과 성장을 돕는 소통을 나누는 것이다. 동료 피드백이야말로 함께 성장하는 윈윈Win-win 마인드셋과 문화를 만드는 데 가장 핵심적인 과정이다. 동료들 사이의 관계와 협업을 강화하여 함께 일하고 성장하는 OKR의 얼라이먼트 효과와 조직문화를 극대화하려면, 동료 피드백을 다음의 가이드를 따라 실행할 것을 추천한다.

동료 피드백 가이드

어떤 순서로 진행하는가?

① 첫 단계는 모든 임직원들이 피드백을 요청할 동료를 지정한다. 같은 소속 조직 안에서만 동료 피드백을 주고받는 것보다 OKR 실행 과정에서 협업하거나 업무상 연결된 동료와 피드백을 주고받는 것이 좋다. 어떤 기업은 본인이 5명 이상의 동료를 지정하고, 리더가 업무 연관성 차원에서 검토한다. 어떤 기업은 OKR 어플리케이션에서 자신의 평소 OKR 도전 실행에 '좋아요'나 '댓글'을 달아준 동료 리스트가 나타나서 그중에서 선택하는 방식을 활용한다.

② 이렇게 지정된 동료들은 자신을 지정한 동료에게 이번 분기 동안 잘했던 점, 그리고 개선해야 할 점을 중심으로 피드백을 제공한다.

동료 피드백의 항목은 조직마다 다를 수 있다. 어떤 조직은 핵심 가치 기준에 따라서 점수를 매기기도 하고, 어떤 조직은 간단하게 잘한 점과 개선할 점을 서로 적어주는 방식을 활용하기도 하고, 둘 다 하는 조직도 있다.

동료 피드백을 제공할 때 주의할 점은 무엇인가?

① 칭찬과 개선할 점을 균형 있게 제공한다: 가장 흔한 동료 피드

백 오류는 아무런 도움이 되지 않는 형식적인 칭찬만 남기는 것이다. 서로 불편한 상황이 싫어서 듣기 좋은 이야기만을 남기는 것은 동료에게 도움이 되지 않는다.

동료 피드백 후, 소감을 묻는 설문조사를 해 보면 자신에게 개선할 점은 말하지 않고 잘한 점만 전달받은 피드백에 대해서 "형식적이다. 도움이 되지 않았다"라는 반응이 많았다. 칭찬과 개선할 점을 균형 있게 제공하는 일은 동료의 성장과 더불어 자신의 성장에도 도움이 된다. 반드시 개선할 점에 대해서도 솔직하게 말해 주도록 한다.

② 감정적으로 비방하거나 상대를 판단하는 표현을 하지 않는다: 예를 들어 '당신은 커뮤니케이션 능력이 부족합니다. 개선하세요'라고 적으면, 이 피드백을 받는 동료는 '내가 커뮤니케이션 능력이 부족하구나. 개선해야겠다'는 생각이 들지 않는다. '뭐? 내가 커뮤니케이션을 못한다고? 도대체 뭘 보고 그러는 거지?'라고 불편해하고, 오히려 부정적인 반감만 가지게 된다.

이럴 때는 동료의 커뮤니케이션 능력이 부족하다고 느꼈던 상황을 구체적으로 적어주는 것이 좋다. '이러이러한 일이 있었는데, ○○님께서 이렇게 말하는 것을 듣고 불편했고, 실제 개선에는 도움이 되지 않았어요. 이 점을 개선하면 좋겠습니다'라는 식으로 구체적인 근거를 들어서 피드백을 제공하면 '아~ 그때

내가 그렇게 말했지. 나의 의도와 다르게 들렸겠구나. 고쳐야겠다'와 같은 반응을 기대할 수 있다. '개선할 점'에 대해서 '부정적 피드백'이라고 부르기보다는 '교정적 피드백'이나 '건설적 피드백'이라는 단어를 사용하면 그 의미를 잘 이해하고 작성하는 데 도움이 될 것이다.

동료 피드백은 익명이 좋은가? 실명이 좋은가?

동료 피드백은 처음에는 익명으로 진행하는 게 좋다. 하지만 장기적으로는 실명으로 진행하는 것을 추천한다. 건강한 조직은 조직 구성원 누구나 자기 이름으로 솔직하고 당당하게 동료에게 서로의 성장을 위한 불편한 이야기를 할 수 있어야 한다. 여러 조직에서 동료 피드백을 익명과 실명의 두 가지 방식으로 시행해 본 결과, 두 방법의 차이는 크지 않았다. 익명이라고 해서 실명보다 훨씬 솔직한 피드백을 제공하는 것은 아니었다.

반대로 실명이라고 해서 솔직한 개선을 요구하는 피드백을 못하는 것도 아니었다. 동료 피드백 요청자 중에서 누가 이 말을 했는지 대체로 짐작할 수 있어서 차라리 실명으로 진행하는 게 좋겠다는 구성원들의 실제 반응도 많았다. 익명이든 실명이든 조직 구성원들이 더 솔직한 피드백을 할 수 있는 방법을 선택하면 된다.

동료 피드백 결과를 바로 전달하는 게 좋은가?

첫 시행 때는 동료 피드백 내용을 직접 전달하기보다는 피드백 분야의 경험이 깊은 HR 리더나 외부 전문가의 도움을 받아 동료 피드백의 솔직함 정도, 내용상 균형, 표현 등에 대해서 진단과 조언을 받아보는 것이 피드백 스킬을 강화하는 데 도움이 된다.

동료 피드백은 언제 시행하는가?

OKR 마무리 단계에서의 동료 피드백은 개인 단위 자기 피드백과 동시에 시행하면 된다. 동료 피드백의 효과를 극대화하기 위해서는 더 상시적으로 OKR 소통과 협업 과정에서 동료 간에 피드백을 주고받을 수 있도록 분위기를 만들어 가는 것이 좋다.

우리가 잘 아는 글로벌 대표 IT기업들은 어떻게 동료 피드백(다면 피드백)을 할까?

구글은 세 가지 질문에 답하는 방식으로 피드백한다.

① 맡은 역할을 얼마나 잘 수행했는가?

② 계속하면 좋은 것은 무엇인가? (한 가지만)

③ 개선하면 좋은 것은 무엇인가? (한 가지만)

동료 피드백받을 사람을 지명하여 요청하고, 실명 피드백이며 리더와 본인에게 공개한다.

애플 또한 세 가지 질문에 대해 피드백한다.

① 동료가 잘한 것.

② 동료가 보완하면 좋을 것.

③ 동료가 계속해서 하면 좋을 것.

구글과 동일하게 피드백받을 동료를 지명하여 요청하고, 실명 피드백이며 리더와 본인에게 공개한다.

넷플릭스 또한 다음의 세 가지 질문에 대해 피드백한다.

① 동료가 그만두어야 하는 것.

② 동료가 새롭게 시작해야 하는 것.

③ 동료가 계속해야 하는 것.

넷플릭스는 누구든지 어떤 동료에게든 피드백을 제공할 수 있고, 실명이며 리더와 본인에게 공개된다.

리더와의 피드백 미팅

피드백이라고 하면, 리더가 최종 평가등급을 통보하고 이유를 설명하면서 피평가자가 등급을 받아들이도록 설득하는 장면이 익숙할 것이다. 하지만 OKR 마무리 단계에서 리더와의 피드백 미팅은 평가 등급을 통보하는 자리가 아니다. 목표에 대한 도전의 결과와 과정, 그리고 앞으로의 성장을 폭넓게 논의하는 자리가 되어야 한다.

리더와의 피드백 미팅 가이드

피드백 미팅은 누가 누구와 진행하는가?

CEO는 임원들과, 임원은 팀장들과, 팀장은 팀원들과 피드백 미팅을 진행한다. 리더는 피드백 대상자의 자기 피드백 내용과 동료 피드백 내용을 종합하여 피드백 미팅을 준비한다. (이하 내용은 팀장과 팀원의 피드백 미팅 상황으로 설명한다.)

팀장과 팀원은 피드백 미팅을 위해 무엇을 준비해야 하는가?

팀원은 팀장과의 미팅 전에 자기 피드백과 자신이 받은 동료 피드백을 종합하고, 팀장과의 만남을 준비한다.

팀장은 해당 팀원의 자기 피드백, 동료 피드백 내용을 사전에 참고하고, 리더 자신의 관찰과 그동안의 일대일 미팅 내용에 기반한 리더 피드백 의견을 정리한다. 무엇보다 팀장은 리더로서 팀원의 OKR 도전과 성과 창출, 그리고 성장을 지원하는 데 초점을 맞춰야 한다. 다음의 관점과 질문을 참고하자.

팀장이 미팅을 위해 준비할 피드백 관점과 질문

① OKR과 도전의 성과 코칭

- OKR 목표는 중요한 것이었나? 도전적이었나? (목표의 도전수준은 목표를 수립할 때는 물론, 피드백 단계에서도 반드시 점검해야 한다. 목표 달성 수준이 계속 100%라면, 다음 목표를 조금 더 도전적으로 설정하도록 해야 한다. 반면 목표 달성 수준이 저조하다면, 목표수립이나 계획에 문제가 있었는지 실행 과정에서 문제가 있었는지 세밀하게 점검해야 한다. 이런 관점으로 아래의 질문을 이어간다면 피드백이 학습으로 이어지는 효과를 얻게 된다.)
- 실제 결과는 어느 정도 수준이었나? (목표를 수립할 때는 불가능하다고 생각한 수준을 이루었는지, 평범했는지, 기대했던 효과적이고 긍정적인 결과가 나타났는지 등.)
- OKR 실행 과정에서 어떤 시도와 실행이 있었고, 배운 점이 있었는가?
- OKR 달성 과정에서 보여준 잘한 점과 보완할 점은 무엇인가?

② 팀원의 성장을 위한 코칭

- 성장(업무역량, 경력 등) 목표 면에서 팀원에게 기대하는 점은 무엇인가? (지속적인 노력이 필요한 점.)
- 팀원의 경력 목표를 위해 필요한 역량은 무엇인가?
- 중단해야 하는 행동이나 습관은 무엇인가?

• 필요 역량을 갖추기 위해 어떤 기회를 제공할 것인가? (업무, 프로젝트, 팀 이동 등.)

어느 정도의 시간이 필요한가?

팀원에 따라서 편차가 있겠지만, 팀장과 팀원 모두 준비를 꼼꼼하게 한다면, 1시간 동안 매우 집중적인 미팅 시간을 보낼 수 있을 것이다. 1시간 내외의 진행을 권장한다. (5~6명 팀원을 관리하는 팀장이라면 분기 중 하루 정도의 시간을 투자한다.)

11장

OKR 데이

마무리와 시작을 연결하는 인정의 시간

의욕을 가지고 OKR을 시작한 많은 기업들이 첫 분기를 지난 뒤, 쉽지 않은 목표와 낮은 달성 정도에 만족스럽지 않은 분위기를 경험한다. 상시적인 칭찬과 격려로 서로 힘을 북돋워주고, OKR을 마무리하는 시점에서도 반드시 공식적이고 공개적인 인정 프로그램을 시행해야 한다. 존 도어는 이러한 인정Recognition 프로그램을 제도화하도록 권하면서, 직원들끼리 서로의 성과를 꾸준히 인정함으로써, 감사의 조직 문화를 만들 수 있다는 점을 특히 강조했다. 당장 다음 분기의 도전을 어어가고 싶다면 반드시 실행하길 바란다. 이러한 의미를 담아 분기 'OKR 데이'를 다음의 준비사항을 참고하여 만들어 보자.

'OKR 데이'에 조직 문화를 느낄 수 있는 이름을 붙인다

회사의 브랜드와 조직 문화 방향을 고려하여 멋진 이름을 붙여, 조직 문화 프로그램으로 자리잡도록 하자. 유니콘 기업으로 성장한 핀테크 기업 V사는 정기적인 OKR 데이를 '얼라인먼트 데이alignment day'로 이름 붙이고, OKR 결산과 다음 OKR을 공유하고, 수고한 사람들을 인정하는 자리를 가진다. 이 외에도 한국의 대표적인 NGO인 B기관은 사명社名을 반영해서 '뷰티풀cheer럽' 이라는 이름으로 월별 우수팀 분기 우수팀을 시상한다. 뷰티/헬스분야 마케팅 플랫폼을 운영하는 한 스타트업은 피드백하고 파티한다는 의미를 담아서 '피파데이'라는 이름으로 팀별 OKR을 회고하고 다음 OKR을 공유하고 축하와 격려의 시간을 가지고 있다. 만약 전사 단위가 아닌 사업부, 본부, 팀 단위로 진행하는 경우라도 조직만의 특성을 담은 이름을 정해 보면 고유한 팀 문화를 만드는 데 효과적이다.

분명한 기준을 담은 상 이름은 관심을 높인다

프로젝트 완성, 기업 목표 달성, 기업 가치의 증가, 실패했지만 의미 있었던 도전이나 핵심 가치에 대한 롤모델 등 인정의 시상 기준을 사전에 공유하는 것이 좋다. 이처럼 '상'은 조직이 중요시하는 성과 및 가치와 연결되도록 해서 '우리 조직만의 상'이란 의미를 강조한다. 특히 OKR의 성과와 노력을 인정함으로써 조직의 당면 목표에 더욱 집중하게 만드는 선순환 효과까지 경험할 수 있다. 상 이름은 의미가 분명히 드러나는 것을 추천한다. 예를 들어 '최고의 도전상' '최고의 성취상' '최고의 변화상' '후회 없는 실패상' 등 누가 들어도 의미와 기준을 알 수 있는 이름을 정하면 좋다. 꼭 추천하고 싶은 상 두 가지가 있다. 하나는 '후회 없는 실패상'이다. 도전적 목표와 실패에 대한 심리적 안전감을 장려하는 효과를 얻을 수 있을 것이다. 그리고 '언성 히어로Unsung Hero상'이다. 언성 히어로란, 무명의 영웅, 남들 눈에 띄진 않지만 묵묵히 조직과 동료를 위해 자기 책임을 100%, 120% 최선을 다해 일해 준 사람을 말한다. '묵묵한 최선상'이란 이름으로 상을 수여하는 조직도 있다. 이 상은 협업과 팀워크를 장려하는 효과가 있다.

부상은 명예와 오래 기억될 '경험'을 제공한다

조직마다 구성원들이 좋아하고 명예롭게 생각할 부상을 조사하여 수여하는 것이 좋다. 판교에 있는 건축설계 소프트웨어 기업은 이달의 최우수 직원에게 약 3억 원 가량의 고급 외제 스포츠카 1개월 사용을 제공해 언론에 소개된 적이 있었다. 1개월간 주유비, 세차비, 정비 비용도 모두 회사가 부담한다. 패션업계 최고의 기업으로 성장하고 있는 한 기업도 동료들의 칭찬을 가장 많이 받은 이달의 직원에게 가족들과 주말을 보낼 수 있는 최고급 호텔 숙식권을 부상으로 제공하고 있다. 반드시 비싼 것만이 좋은 것은 아니다. 동료로부터의 인정이 무엇보다 영광스럽다는 의미를 담는 것이 중요하다. 그리고 단순히 '상품권 얼마'와 같은 1회성 소비보다 오래 남는 경험을 제공하는 것이 중요하다.

감동이 있는 자리를 만든다

OKR 데이의 중심은 OKR의 공유다. 조직이나 개인이 자신의 OKR을 읽기만 하는 시간이 아니다. 어떤 도전을 했는지, 어떤 성과를 만들었는지, 특별히 잘한 시도를 자랑하고 뽐내는 시간이다. 실패를 했어도 그 속에서 배운 것이 있었음을 멋지게 공유하는 것이다. 모든 OKR 내용을 읽는 자리가 아니라 서로의 성장에 도움이 되는 내용을 공유하고 인정받아 자부심을 느끼는 자리가 되어야 한다. 또 시상식에서 수상자의 수상 소감을 들을 때 많은 사람이 감동을 받는다. 인정을 받은 동료의 성취와 노력의 스토리를 공유하는 것은 도전과 협업 분위기 조성에 매우 효과적이다. 시상식 자리에서 수상자가 직접 자신의 스토리를 공유하는 것도 좋고, 이것을 공식적인 사내 뉴스레터나 기업 블로그를 통해 성취와 숨겨진 이야기를 공개함으로써 당사자에게는 명예롭고, 동료들에게는 의미있게 만들 수 있다. CFR은 이렇게 동료 간에 인정을 주고받는 인간적인 시스템이자 조직 문화 변화의 트리거 Trigger가 된다.

'참석'이 아닌 '참여'하는 자리

직원들의 가장 의미 있는 참여는 수상자 선정에 참여하는 것이다. 두 가지 방식을 제안한다. 조직 규모가 비교적 작은 스타트업이라면 임직원 모두가 OKR 성과를 공유한 후, 각 상마다 최고의 팀에 투표하는 방식이다. 설문이나 투표하는 간단한 툴을 활용해서, 현장에서 즉시 결과를 공유하고 시상하는 것이다. 조직 규모가 비교적 큰 조직이라면, CEO부터 신입사원까지 다양한 레벨과 직무를 갖춘 심사위원단을 구성하여 심사하는 방식도 추천한다. 어떤 방식이든 동료가 주는 상의 의미를 담아야 효과가 매우 높다. 상을 받는 사람과 받지 못하더라도 동료를 인정하고 심사한 모두가 만족하는 시간이 된다.

'OKR 데이' 진행 가이드라인

OKR 데이에는 한 분기의 OKR을 다같이 돌아보고, 모두의 OKR 결과 창출 여부를 공유하고, 서로를 축하하고 격려하는 날로 삼는 데 목적을 둔다.

1부: 분기 OKR 성과 공유

전사 및 주요 조직 단위 OKR을 공유한다. 모든 OKR을 다 공유하기보다는 최고의 도전, 성과, 변화 등에 해당하는 몇 가지만 자랑스럽게 공유한다. 목표를 세우게 된 배경(그 목표의 의미), 이룩한 성과, 힘들었던 도전 과정을 담는다. 혹은 의미 있는 실패도 공유한다.

2부: OKR 시상식

OKR 데이의 백미는 시상식이다. 직원들이 참여하는 동료 심사위원 방식으로 사전에 정해 놓은 멋진 이름의 상들을 가져갈 수상팀과 수상자들을 선정한다. 그리고 아낌없는 축하를 보내고 수상자들의 소감을 듣는 시간을 가진다. 재미와 감동이 있는 자리여야 하는 만큼, 조직에 에너지를 불러일으킬 진행자의 역할이 중요하다. 활기차고 에너지 넘치는 직원들로 구성된 준비팀이 자율적으로 행사를 기획하고 진행하도록 하자. 이 책에서는 분기 단위의 인정 프로그램을 설명했지만, 각 조직의 OKR 주기에 따라서 의미 있고 재미있게 운영하길 바란다.

최고의 OKR 데이 사례

B사는 전사 OKR 데이 행사를 가진 후, 자사 블로그에 그 내용을 공유했다. 그들의 OKR 데이 캐치프레이즈가 참 멋있었다. '성장은 더 높이, 마음은 더 가까이'다. 연간 또는 분기 동안의 성과와 성장을 함께 나누며 축하하고, 달성 과정에서 있었던 어려움과 학습 포인트를

함께 돌아보고 격려하며 응원한다. 그리고 다음 해 또는 분기의 도전을 위한 OKR을 공유한다. 전사 OKR 데이 행사는 코로나 상황으로 온라인 화상회의 플랫폼에서 비대면으로 실시되었다. '몸은 거리두기, 마음은 거리 줄이기'라는 문구가 주목을 끌었다.

진행 개요	CEO가 직접 진행, 각 팀별 발표가 진행되고, 구성원들은 채팅으로 의견과 축하, 격려를 나눔
1부. OKR 공유	분기 OKR 총평, 성과, 성장한 점, KPT, 새 분기 OKR 공유 자기 팀의 OKR을 한 장의 이미지로 표현(의미 공유, 즐거움과 타 팀 OKR 기억에 효과)
2부. 시상식	인사이트 상: 시상 기준은 OKR 리뷰 중 가장 배울 점, 인사이트가 넘친 팀 질문자 상: 각 팀 OKR에 관해 질문한 사람

출처: B사 블로그

지금까지 OKR 수립과 실행을 OKR 타임라인에 따라 자세하게 살펴보았다. 각 과정마다 담겨 있는 실행 이유와 기대 효과를 기억하고, 여러분의 조직에 맞는 OKR을 실행하기를 바란다.

● OKR 타임라인

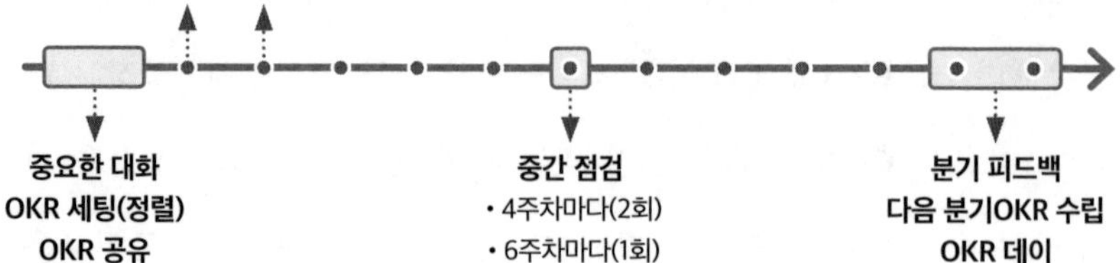

처음에는 이런 순서를 맞추는 것이 형식적이고 시간이 많이 소요되어 현재 업무에 불편을 준다고 생각할 수 있다. 모든 변화가 그렇듯이 처음에는 내 몸에 안 맞는 옷을 입는 것과 같다. 불편하고, 자꾸 신경 쓰이고, 왜 하는지, 어떻게 하는지 불분명하고, 소통도 번거로울 것이다. 그러나 한 분기, 두 분기를 실행하다 보면 결국 우리 조직과 나에게 맞는 옷처럼 자연스럽게 될 것이다. 그때까지 포기하지 않는 것이 OKR 성공의 열쇠라는 것을 잊지 말자. OKR이 조직에 정착해서 자연스러워지면, 그때부터 본격적으로 성과와 성장이 시작된다는 믿음을 포기하지 않기를 당부한다.

구분	내용
자기 피드백	SSCSS 피드백 • S: Situation, 최종 결과, 과정의 팩트 체크 • S: Score, 잘한 점과 부족한 점이 반영된 점수 • C: Continue, 계속하면서 발전시킬 점 • S: Stop, 완료했거나 중단할 것. • S: Start, 다음 분기 새로운 시도와 도전
동료 피드백	• 동료 지정: 본인 직접 지정, 최소 인원(5명) 지정 추천 • 피드백 항목: 잘하고 있고 계속할 것, 개선해야 하거나 그만할 것, 새롭게 시작할 것을 중심으로 서술
리더 피드백 미팅	• 성과 코칭: OKR과 도전, 성과에 대한 코칭 • 성장 코칭: 성장 목표와 성장을 위해 필요한 점 논의
OKR 데이	• 준비 사항: OKR 데이 네이밍, 분명한 기준의 상 네이밍, 구성원 참여 • OKR 데이 프로그램 1부: OKR 공유 지난 OKR 성과와 변화, 다음 분기 OKR 공유 2부: 시상식(상, 부상, 수상 소감)

OKR로 성과와 성장을 만드는 파타고니아

"이 재킷을 사지 마세요Don't buy this jacket."

2011년 미국 최고의 소비시즌인 블랙 프라이데이 때, 〈뉴욕 타임스〉에 게재된 광고다. 이 광고를 게재한 기업은 '파타고니아'다. 지구가 목적이고, 사업이 수단이라는 독특한 경영철학을 사업과 조직운영에서 실천하는 기업이다. 1973년에 설립되어 아웃도어 제품 판매로 약 1조 원의 매출을 올리고, 전 세계 3,000여 명의 직원을 고용하고 있다. 파타고니아 하면 환경, 캠페인, CSR(기업의 사회적 책임), 아웃도어 등이 떠오를 것이다. 어떤 사람은 비영리 기업, NGO라고도 생각한다. 파타고니아도 성과관리를 할까? 글로벌 컨설팅기업 딜로이트Deloitte의 〈리서치 리포트Continuous Performance Management 2017〉에 의하면, 파타고니아는 2015년부터 성과관리에 관한 새로운 접근과 방법을 설계하고 꾸준히 시행하고 있다고 한다.

1 성과관리 방향과 원칙

사명과 문화를 효과적으로 지원할 것, 성과를 촉진할 뿐 아니라 지속적으로 끌어올릴 수 있을 것, 성과뿐 아니라 직원들의 성장을 장려할 것, 이렇게 세 가지다.

2 성과관리 방법

방향과 원칙에 근거한 지속적인 성과관리 방식은 '목표 설정' '일대일 체크인' '피드백' '인정'을 채택했다.

- 목표 설정: 1년 목표와 분기 목표를 설정한다. 1년 목표는 최종 목표로 '산'이라고 부른다. 분기별 도전 목표를 세우고, 1년 목표를 향한 과정의 '이정표'라고 부른다. 분기 목표는 도전적이면서 변화하는 환경에 민첩하게 대응할 수 있어야 한다. 그리고 1년 목표까지의 도달 과정에서 '회고'와 '축하'와 '성장'을 경험하도록 한다.
- 성장-포커스 목표: 직원들이 스스로 성장을 장려하고, 실패하더라도 밀어붙일 수 있도록, 분기별 '성장-포커스 목표' 제도를 도입했다. 이 목표 수립의 특징은 개인이 자발적으로 수립, 분기 내 달성 여부 무관, 실패와 장해물은 학습을 위한 도구라고 인식하는 것이다.
- 실시간 피드백과 인정: 회사 내 누구와도 피드백을 주고받을 수 있다. 피드백과 더불어 공개적으로 표현하는 인정(칭찬)도 주고받는다. 피드백과 인정을 통해 적용할 수 있는 인사이트를 얻는다.
- 분기 성과 리뷰: 매 분기마다 세 가지 큰 질문으로 피드백한다.

  ① 무엇을 했습니까?

- 그중에서 축하하고 싶은 것은 무엇입니까?
- 다음 분기에 다르게 해 보고 싶은 것은 무엇입니까?

② 무엇을 배웠습니까?

- 자신, 팀, 회사에 대한 최고의 인사이트는 무엇이었습니까?
- 다음 분기에 만들어야 할 새로운 행동이나 습관이 있습니까?

③ 다음 분기에 무엇을 할 것입니까?

- 지난 분기에 집중한 목표나 업무 중 계속해서 실행할 것이 있습니까?
- 다음 분기에 집중할 업무나 목표는 무엇입니까?

• 피드백(셀프, 리더와 일대일 미팅)에서는 이전 피드백과 일대일 미팅 메모를 모두 검토한다.
• 연말 평가: 한 직원의 성장과 궁극적인 성과 향상을 위해 여러 번의 피드백 미팅을 시행한다.

③ 파타고니아의 성과관리 인사이트

매 분기 도전적인 목표를 추구하는 직원들이 더 나은 성과를 내면서 성장하고 있다는 사실을 발견했다.

OKR 연습

tip

리더가 매 분기 최소한 한번은 해야 하는 질문들이다.

OKR 수립 시

① 이번 분기에 꼭 달성하고자 하는 목표는 무엇인가요?

② 이러한 결과를 달성했는지 어떻게 측정할 수 있을까요?

OKR 실행 중

③ 이러한 결과를 달성하려면 어떤 지원이 필요한가요?

OKR 실행 후

④ 이번 분기에 OKR과 관련하여 어떤 성공을 거두었나요?

⑤ 이번 분기에 OKR과 관련하여 어떤 장해물이 있었나요?

⑥ 다음 분기에 집중할 우선순위는 무엇인가요?

⑦ 목표 달성을 위해 리더로서 도울 일이 있습니까?

OKR

GROWTH

4

이해 — 수립 — 실행 — 성공

실패 없는 OKR을 위해

G

R

O

W

원대한 목표까지 끝없이 도전하기

To the moonshot

Heart-to-heart

진심과 신뢰로 리더와 구성원들이 이어지는
성장하는 조직 만들기

성공 조건 1

내 조직에 맞는 방법 찾기

〈백종원의 골목식당〉이라는 TV프로그램이 있다. 사람들이 많이 찾지 않는 골목상권에 있는 식당들에 레시피와 식당 운영에 대한 솔루션을 제공해서 식당이 발전적으로 바뀌고 많은 손님이 식당과 상권을 찾게 만든다. 식당을 운영하는 소상공인과 지역상권을 활성화하는 데 기여하는 프로그램이다. 음식과 식당 경영 전문가인 백종원 씨의 솔루션을 받은 수많은 식당 사장님 중에서 어떤 사람들은 솔루션을 계기로 꾸준히 성장하고, 어떤 사람들은 잠깐 잘되는 것 같다가 금방 옛날로 돌아가거나, 심지어는 폐업하는 경우도 있다. 백종원 씨가 솔루션을 주는 과정에서도 이 점을 강조하고 당부한다.

그는 누구에게나 똑같은 솔루션을 주지 않는다. 좋은 결과를 만들기 위한 솔루션들은 식당과 사장님에 따라서 다양했다. '생각의 변화'나 '일하는 방식의 변화' '환경의 변화'를 '제품의 변화'인 레시피와 함께 다르게 제공한다. 어떤 식당은 메뉴 수를 줄여서 하나의 음식에 더 집중하게 만든다. 어떤 식당은 메뉴를 완전히 바꾸는 솔루션을 주고, 어떤 식당은 생각의 전환, 성실한 노력 습관을 만드는 인성교육 수준의 솔루션을 주었다. 어떤 식당은 힘든 개인 사정을 들어주고 격려하며, 힘이 되는 솔루션을 주기도 했다. 어떤 식당의 경우는 사장 부부의 관계를 코칭해 주기도 했다. 이렇게 식당과 사람과 상황에 맞게 솔루션이 주어졌을 때, 음식이 달라지고 고객인 손님들이 그 효과를 경험할 수 있었다.

문화 콘텐츠 상품을 만드는 한 회사가 OKR을 시작했다. 매년 매출과 이익을 전년 대비 7%씩 자동으로 올라가는 식의 목표를 받다가 OKR을 하게 된 것이다. 도입 첫 분기에는 업무 체크리스트처럼 작성했다가, 다음 분기에는 사업 방향을 담은 목표를 수립했다. 그다음 분기에는 목표의 수준을 높이고, 새로운 시도도 하게 되었다.

3분기 실행만에 목표했던 수준에 가까운 결과도 얻었고, 이에 직원들은 고무되었다. 그러나 이 분위기는 오래가지 못했다. 경영진은 나아진 성과를 인정하고 칭찬하기보다는 갑작스럽게 투자 등의 비용 증가를 이유로 손익분기점 기준을 바꾸고 더 높은 성과를 요구했다. 직원들은 보상을 바라고 목표 도전을 시작한 것은 아니지만, 더 나은 결과를 냈을 때 당연히 가지게 되는 인정과 보상의 기대를 한 순간에 저버린 경영진의 태도에 크게 실망했다.

서문에서 소개했던 버드뷰는 OKR을 도입하고 수 년간 월 단위로 목표를 수립했다. 각 팀은 전 구성원들 앞에서 목표를 공유하고, 1개월의 소감을 나누었다. 짧은 월 단위라는 시간적 한계 때문에 목표가 도전적일 수 없었다. 비록 목표는 도전적이지 않았지만, 이 시간 동안 조직 내에 공유하고 소통하는 문화가 자리잡을 수 있었다. 그 후 구성원들은 소통과 협업 문화를 바탕으로 야심찬 목표에 도전하기 시작했고, 성장을 경험하게 되었다.

스포츠 분야의 B사는 OKR을 도입했다. 몇 개의 본부들 중에서 어떤 본부는 OKR에 대해 아주 긍정적인 반응을 보였다. 공동의 목표가 있어서 좋고, 목표를 수립하는 소통의 과정도 좋고, 목표를 정한 뒤 치밀하게 업무를 맞춰가니 일이 더 잘된다고 했다. 리더와의 정기적인 일대일 미팅은 동기부여에 도움이 된다며 만족스러워했다. 반면 바로 옆의 어떤 본부는 정반대의 이야기를 했다. 팀의 업무가 대부분 루틴하게 돌아가는데, 목표 수립 자체가 업무에 도움이 안 되고 목표가 없을 때 일을 잘하고 있었는데 왜 목표를 수립하자고 하는지 모르겠다며 강한 거부감을 드러냈다. 어떤 건설분야 회사의 한 팀은 루틴한 업무들이 많은데, OKR을 통해서 업무 프로세스를 개선하고 생산성을 높이고 싶다고 말했다. 앞의 소개한 사례들을 봐도 알 수 있듯이 각 조직마다 사업과 일하는 방식이 다르다. 조직의 문화도 다르다. 따라서 다른 조직의 성공방식이라고 해서 나의 조직의 성공방식이 될 수는 없다. 실패의 경우도 마찬가지다. OKR이 나의 조직에 맞는 성공적인 솔루션이 되려면 어떻게 접근해야 할지 OKR × 그로스 모델을 살펴보자.

OKR × 그로스 모델

"모든 기업이 구글은 아니다."

어떤 조직이든 구글이 OKR을 도입했던 방법이나 현재 OKR을 활용하는 방법을 그대로 따라하면 성공할 수 있을까? OKR로 최고의 성과를 만들기 위해서는 조직 문화, 규모, 사업이나 업무방식의 특성 등을 반영해서 도입과 구축전략을 세우는 것이 가장 우선이다. 천편일률적인 접근 방식은 주의해야 한다.

OKR을 성공적으로 수행하는 글로벌 조직들 대부분은 OKR이 조직에 정착할 때까지 약 2년 내외의 시간이 걸렸다. OKR은 하루 아침에 성과를 창출하는 도깨비 방망이가 아니다. 단계별로 전략적으로 도입해야 한다.

나는 13년간 대기업에서 조직과 HR 분야에서 전문성을 쌓았다. 그

후, 스타트업의 성장을 돕는 일을 하면서, 성장형 성과관리 체계를 연구하는 중 OKR을 접하게 되었다. 스타트업을 비롯해서 많은 기업에게 컨설팅과 자문, 코칭을 해온 다년간의 연구와 경험을 바탕으로 한국 기업에 맞는 'OKR × 그로스 모델(OKR 성공 맵)'을 만들었다.

OKR에 성공하는 데 단 하나의 정답이 있는 것은 아니다. 이 책이 제시하는 OKR 수립과 실행법도 하나의 가이드라인일 뿐이다. 이를 참고해서 독자들의 조직에 딱 맞는 방법을 찾아야 한다.

잘 도입하고 성공시키려면 조급해서는 안 된다. 한두 분기만에 OKR이 정착하고 큰 성공을 거둔 기업을 본 적도 들은 적도 없다. 처음 한두 분기 동안 우리 조직에 맞는 OKR 방식을 찾는다고 생각하고 실험적으로 접근해야 한다. 도입기 - 적응기 - 정착기로 나눠서 각 단계별로 반년에서 1년 정도 단위로 관리하는 것을 추천한다(다음 쪽 OKR × 그로스 모델의 세로축).

OKR 구조, 단계, 운영 프로세스를 정착시켜야 한다. 그리고 CFR을 통해 조직 공통의 사안을 결정하는 데 참여하고 협업해서 자연스럽게 얼라인이 되도록 해야 한다. 이를 통해서, OKR의 힘인 '도전'이 만들어지고, 조직의 비전에 도착할 수 있다(다음 쪽 OKR × 그로스 모델의 가로축).

도입기에는 일단 가볍게 시작하는 것이 좋다. 기존의 연간 단위 목표 수립과 평가방식의 운영에서 짧은 애자일 목표를 수립하고, 분기별로 운영하는 방식에 익숙해지도록 한다. 그리고 어려운 도전 목표보다는 조직의 우선순위 목표에 대한 공감대를 형성하는 대화의 리듬을 익히는 것이 먼저다. 목표는 딱딱한 표현보다 마음에 와 닿는 표현이나, 때로는 재치 있고 재미있어서 하고 싶은 마음이 들도록 만들어 본다. 한국 기업

● OKR × 그로스 모델

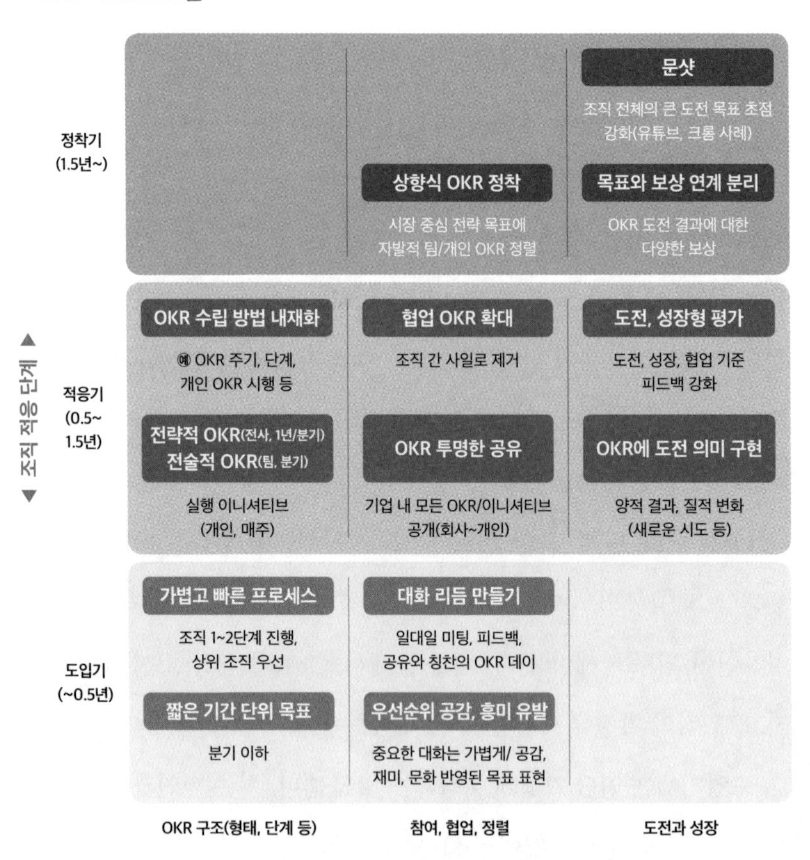

에서 가장 익숙하지 않은 일대일 미팅을 매주 꾸준히 연습하면서 한두 분기를 보낸다면, 성공적으로 도입기를 보냈다고 말할 수 있다. 회사 규모와 상황 등을 고려해서 일부 조직부터 시행해 보는 것도 방법이다. 앞에서도 설명했듯이, OKR에서 순서가 중요하다. 만약 부분적인 도입을 검토한다면, 위에서부터 시작하는 것을 추천한다. 상위 조직, 리더부터 시작하고, 팀원까지 확산하는 방법이 효과적이다.

적응기에는 목표의 구조가 조직에 자리 잡는다. 전사적인 전략이 팀의 실행 전술과 연결되는 OKR 구조에 대해 익숙해지는 시기다. 그래서 4분기(1년)를 넘어갈 때는 구성원들에게 OKR 수립 과정이 자연스러워지게 된다. CFR은 대화 리듬을 통해 점점 참여가 늘고, 참여에서 투명한 공유와 협업으로 발전한다. 이러한 목표수립 구조와 협업에 익숙해지면 조직은 큰 목표에 도전할 수 있다. 위, 아래, 좌, 우의 대화와 협업과 OKR의 연결 구조가 큰 목표를 담을 그릇이자 실행할 동력이 된 것이다. 모래알로 큰 성을 만들 수 없듯이, 조직이 참여, 공유, 협업으로 다져져야 큰 도전을 할 수 있다.

OKR이 조직에 정착되었다는 것은 공통의 우선순위에 대한 상향식 얼라인먼트가 자연스러워지고, 문샷과 같은 목표에 도전하는 것이 자연스러워졌다는 뜻이다. 목표의 크기가 커지고, 도전에 대한 두려움이 사라지는 조직이 된다는 뜻이다 . 도전과 성장에 맞춰진 평가방식과 보상방식이 구성원들의 공감대를 바탕으로 운영된다. 원대한 목표까지 끊임없이 도전하는 투 더 문샷To the moonshot하는 조직으로 계속 성장한다.

도입기 4개의 모듈은 한국 기업에 특히 중요한 의미를 가진다. 조직이 커질수록 구성원들의 관심이 외부의 고객보다 내부의 상사, 동료, 협업 부서에게 향한다. 구성원들의 관심이나 성과의 초점이 '고객'보다, 내부의 절차를 향하게 된다. OKR은 고객을 향해 정렬한다. 도입기의 모듈들은 고객과 환경에 조직을 맞추는 워밍업 단계라고 이해하면 된다. 중요한 대화를 나누면서 고객에게 예민해지고, 고객 중심 조직이 되지 않으면, OKR을 할 수 없다. 이 단계를 거쳐야 협업과 도전이 가능해진다. 뿐만 아니라, 도입기 동안 조직에서 내부적으로 목표와 빠른 실행, 대화 리듬 구축을 어렵게 만드는 요인들을 발견하고, 개선하는 작업을 병행해야 할 것이다.

규모가 크고 오래된 기업들은 도입기의 시간이 다소 길어질 수 있는 반면, 스타트업들은 상대적으로 빠를 수도 있다. 변화에 대한 수용도나 구성원 간 상호 관계가 좋을수록 각 기간이 빠르게 진행될 수 있는 반면, 기존 관습, 전통이 강하고 변화의 속도가 느린 조직이라면 도입기에서 시간이 오래 걸릴 수 있다. 조직의 물리적 크기, 사업/업무 방식, 상하 커뮤니케이션 소요 시간, 변화 수용도 등을 고려해서, 도입 - 적응 - 정착 단계의 세부 모듈들을 몇 개씩 선택하여 활용하면 좋을 것이다.

성공 조건 2

OKR 정신을 '제도'에 담아야 한다

OKR에 관한 질문 중에서 빠지지 않는 공통 질문이 하나 있다. 바로 "평가와 보상은 어떻게 하는가?"이다. OKR의 목표에 도전하는 직원들은 더 많은 노력을 기울이는 만큼, 그 결과로 조직이 성장하면 '나'에게는 무엇이 좋은지가 당연히 궁금하다.

평가 보상 제도의 문제

지금까지의 HR 제도는 보상을 중심으로 설계되었다고 말할 수 있다. 평가는 보상의 근거를 마련하는 수단으로 설계되고 작동했다. 이러한 HR 제도는 '사람은 더 큰 보상을 받기 위해 열심히 일한다'는 사람관에 기반하고 있다. 그래서 더 많이 줄 사람, 적게 줄 사람을 차등하는 기준을 평가 등급과 연결시켰고, 이 평가 등급은 목표 달성률을 점수화하고, 상대평가하여 산출하였다. 그러나 직원들은 보상을 더 많이 받기 위해서 높은 목표를 세우고, 높은 수준의 결과를 만들려고 행동하지 않았다. 반대로 목표를 예상 가능한 현재 수준의 결과에 맞춰서 낮게 수립해 달성률 점수를 올려서 보상을 확보하는 방식으로 행동했다. 조직 문화를 형성하는 구성원의 행동방식은 자연스럽게 도전이 아닌 안정지향적으로 변했고, 부서나 동료 간의 협업보다 경쟁이 중시되어 왔다.

존 도어가 OKR을 잘하기 위한 조건으로 보상결정중심의 평가와 '협의 이혼'해야 한다는 표현을 쓰며 강력하게 주장한 것도 이 이유 때문이다. OKR은 '사람은 보상을 위해서 일한다'는 관점에 기반한 HR 제도에서는 작동하지 않는다. OKR은 '사람은 성과와 성취의 자아실현 욕구를 가진 존재다'라는 관점에서 만들어졌다. 그래서 도전하고 성취하고 성과를 창출하는 성과관리가 중심이 되는 HR 제도에서 작동한다. HR 제도의 중심이 '보상'에서 '성과관리'로 바뀌어야 한다. 보상을 얻기 위해 성취하는 것이 아니라, 성취와 성장을 이루면 보상은 자연스럽게 따라오는 것이라는 생각의 전환이 우선이다.

어떻게 평가할 것인가?

그렇다면 어떤 방식의 평가와 보상 제도를 만들어야 할까? OKR은 평가가 아니다. 평가는 따로 있다. 구글은 평가에 OKR이 반영되는 비율이 1/3 미만이라고 한다. 이 말은 'OKR=평가'가 아니라는 뜻이다. 평가에 반영되는 요소들은 OKR외에도 2배가 더 있다는 뜻이다. 그 요소들은 무엇이고, 어떻게 평가할 수 있을까?

한국 기업의 대부분은 (보상 결정에 용이한) 상대평가를 하고 있거나, 절대평가를 하고 있거나, 스타트업처럼 아직 평가 제도를 운영하고 있지 않은 기업들로 나눌 수 있다. 이 중에서 가장 큰 비중을 차지하는 상대평가 운영 기업과 평가 제도가 없는 기업을 대상으로 가이드라인을 정리했다.

절대평가를 사용하는 기업들은 두 가지로 나눠볼 수 있다. 진정한 절대평가, 즉 중요한 평가 기준을 설정하고 리더의 권한으로 등급을 부여하고, 등급을 부여한 근거를 철저하게 피드백하는 기업이라면 이 내용을 안 읽어도 된다. 그런데 만약 형식은 절대평가인데, 리더의 권한으로 등급을 결정할 수 없다면(보상 결정을 위해 HR 조정으로 정규분포 비율에 맞추는 방식), 상대평가 제도를 운영하는 조직 가이드라인을 참고하여 진정한 절대평가 방식으로 개선하길 바란다.

상대평가 제도를 운영하고 있는 조직에게

궁극적으로는 상대평가를 버려야 한다. 이 말이 다소 과하게 들릴지 모르지만, 상대평가 상황에서는 도전적인 목표를 세울수록 손해를 보고, 달성이 예상되는 적당한 목표를 세울수록 유리하다. OKR은 도전적인 목표를 지향하고, 실패가 가능해야 하는데, 상대평가에서는 도전적인 목표를 달성하지 못했을 때 얻는 낮은 점수가 결국 낮은 등급, 낮은 보상으로 이어지기에 도전에 대한 의욕이 위축된다. 뿐만 아니라 OKR에서 중요한 역할을 수행하는 리더들이 당당하게 피드백을 할 수 없게 된다. 정해진 비율에 맞춰서 등급을 주는 상대평가에서는 리더의 피드백은 평가 등급 부여 상황 설명에 가까워지기 때문이다. 리더십이 성장하려면, 솔직한 피드백을 기반으로 한 코칭이 가능해야 한다. 구성원의 성장도 마찬가지다.

그렇다면 상대평가 제도를 운영하는 기업들은 OKR을 할 수 없다는 말일까? 대기업과 같이 그룹 공통의 상대평가 방침이 유지되는 대기업의 계열사들은 OKR을 할 수 없다는 말일까? 결론적으로 말하면, OKR을 할 수 있다. 아니, 시작해야 한다. OKR이 지금까지의 상대평가로 인한 경쟁 조성 문화, 안전지향 문화를 협업과 도전의 문화로 바꾸는 촉매제가 될 수 있기 때문이다. 상대평가를 시행 중인 여러 대기업의 CEO부터 임원들, 실무진들과 토론, 자문, 코칭을 하면서 발견한 점이 있다. 이미 우리나라 기업들은 기존 상대평가 제도에 대한 문제의식이 강하고, 변화를 간절하게 바라고 있다는 것이다. 그리고 단순히 OKR 형식을 도입하기 위함이 아니라, 진정한 성과관리 문화를 만들고자 신중하게 고민하고 있다는 사실도 알게 되었다.

상대평가 제도를 운영하는 기업이라면 OKR 도입 시 다음의 네 가지 유의사항을 참고하기 바란다.

상대평가 등급 강제 비율 완화

완화한다는 것은 등급별 비율이 아닌 범위 내에서 리더가 선택할 수 있도록 제시하거나, 비율 자체를 강제가 아닌 참고사항이나 가이드라인 정도로 운영한다는 뜻이다. 이렇게 해야 하는 첫 번째 이유는 상대평가를 다소 느슨하게 적용함으로써 동료 간 경쟁에서 발생하는 긴장감을 누그러뜨림과 동시에, 공통의 목표 지향과 협업을 지향하는 분위기를 만들기 위해서다. 두 번째 이유는 리더에게 등급결정 권한을 부여하되, 등급부여의 근거를 명확하게 전달하는 책임도 강화하기 위해서다. 이 등급부여의 근거가 바로 피드백이다. 등급 비율에 맞춘 평가가 아니라, 근거에 의한 평가, '피드백을 피드백 답게' 만드는 것이 좋은 평가다. 리더는 평가등급을 당사자와 조직 전체에 공개해도 될 정도로 솔직하고 엄격하게 근거를 제시하고 평가해야 한다.

평가 기준을 변경하고 확대한다

이전에는 '달성도' 중심으로 평가했다면, 달성도가 아니라 성과와 성장을 만드는 조직의 핵심 가치기반의 평가 기준으로 변경/확대한다. 도전과 새로운 시도, 협업과 같은 과정의 질적인 변화에까지 평가 기준을 변경하고 확대한다. 이렇게 하는 이유는 달성/미달성으로 향해 있는 관심을 도전과 변화와 성장으로 전환하기 위해서다. 평가의 기준은 '이것이 개인들에게 가장 중요하다'는 메시지기 때문에, 구성원들도 새로운 가치인 '얼마나 도전했나?' '얼마나 새로운 시도를 했나?' '얼마나 협업을 했나?'에 더 관심을 가지게 될 것이다.

칼리브레이션 미팅 방식을 바꾼다

칼리브레이션Calibration이란 교정한다는 뜻이다. 상대평가 조직에서는 이 칼리브레이션을 조직 간 인원수(모수) 차이에 따른 등급별 인원 차이를 상위 조직의 많은 인원수(모수) 비율로 등급별 인원수를 재조정하는 데 활용하고 있다. 예를 들어, 경영지원본부의 A등급자 가능 인원이 5명인데, 산하의 인사팀 3명, 재무팀 3명으로 총 6명이면, 어느 팀의 1명을 B등급으로 조정할 것인지 결정하는 식이다. 그러나 원래 칼리브레이션 미팅은 평가 대상자에 대한 직속 리더의 관점을 보완하고, 한 사람의 편향을 최소화하기 위해서 시행한다. 그래서 다른 리더들의 관점에서 함께 보고, 등급이 평가 기준대로 제대로 부여되었는지 검토하고 논의하는 자리가 되어야 한다. OKR을 하면 목표, 과정 등이 투명하게 공개되므로, 각 팀과 팀원의 기여의 크기와 평가 기준에 대한 논의가 쉬워진다. 칼리브레이션 미팅을 제대로 하면, 피드백 품질이 높아진다. 칼리브레이션 미팅 방식을 바꾸자.

소통과 상시 피드백을 활발하게

OKR 과정에서는 목표 수립과 공유, 실행 과정의 일대일 미팅, 월 혹은 분기별 피드백처럼 소통이 활발하게 일어난다. 상시 소통이 활발하게 이루어지면, 리더와 구성원의 관심이 1년 후 평가 등급에 머물지 않고, 현재의 목표와 실행으로 옮겨가게 된다. 상시 소통과 피드백은 평가와의 연계성 측면에서 리더의 평가 품질과 평가 공정성을 높이는 결과로 이어질 것이다.

이러한 네 가지 사항을 실행하면서 상대평가를 느슨하게 만들어 간다면, 자연스럽게 상대평가가 사라지게 될 것이다.

새로운 평가 제도를 만드는 조직에게

평가의 본질에서 출발한다

평가를 하는 이유는 '잘했냐 못했냐'를 따지기보다 조직과 개인이 좋은 성과를 만들기 위해 하는 것이다. 성과가 무엇인지 분석하고, 어떤 점은 잘했고, 어떤 점은 부족했는지, 앞으로 어떻게 할 것인지를 들여다보고, 이 과정에서 나는 얼마나 더 성장할 수 있는지를 따져보면서, 미래의 성과와 성장을 위한 변화를 추구하는 것이 평가의 본질이자 평가를 하는 이유이다. 우리 조직이 평가를 하는 이유가 성장과 성취에 대한 동기부여에 맞춰져 있는지를 점검하자.

조직이 지향하는 가치를 담은 평가 기준을 만든다

평가 기준은 조직 구성원에게 주는 강력한 메시지다. 평가 기준의 기본은 성과다. 그러나 성과가 평가 기준의 전부가 아니다. '우리가 보는 성과 혹은 성과를 만들어 내는 핵심적인 행동 기준' '이 기준대로 일하고 행동하면 성과를 창출하고 성장한다고 믿는 그 기준' '이 기준에 가장 부합하는 사람을 우리 회사에서는 인재라고 부를 수 있는 그 기준' 이런 평가 기준이 있어야 한다. 예를 들어, OKR을 가장 잘한 기업인 구글의 여섯 가지 평가 기준은 다음과 같다. 구글스러움Googlyness(구글의 핵심 가치 준수), 문제해결problem-solving(모호한 상황에서 길을 찾는 능력), 실행execution(뛰어난 성과high-quality work), 사고적 리더십thought leadership(특정 전문분야에서 보여주는 전문성과 리더십), 리더십leadership(프로젝트 주도와 같은 적극성), 현존감presence(자신의 의견을 내는 존재감)이다. OKR로 창출한 성과는 1/3 미만으로 반영된다. 각 조직마다 성과와 조직 문화를 만드는 행동 기준인 '핵심 가치' 기반의 평가 기준을 구글처럼 활용한다면, 구성원 행동의 변화와 성과를 만드는 좋은 평가 기준이 될 것이다.

CFR 기반의 평가 프로세스를 운영한다

일반적으로 평가 시즌이 되면, 자기 평가 → 1차 평가(팀장) → 2차 평가(임원) → 칼리브레이션 미팅(평가 조정 회의)순으로 평가를 진행한다. 평가 시즌은 통상 1년에 1회 혹은 2회 열린다. CFR 기반의 평가라고 해서, 프로세스가 달라지는 것은 아니다. 각 과정을 CFR 기반으로 바꾸는 것을 말한다. CFR 기반 평가는 피평가자의 성과 창출과 성장에 도움이 되도록, 향후 성과와 성장을 지원하는 피드백에 초점을 맞춘다. 그래서 평가 대상자 본인과 주변 동료와 리더의 논의가 중심이 된다. OKR 환경에서는 이미 네 번의 분기 동안 자기 피드백과 동료 피드백, 리더 피드백 미팅을 해 왔고, OKR은 투명하게 공개되기 때문에 리더와 구성원 모두가 서로 어떻게 일해 왔는지, 얼마나 기여했는지 잘 알고 있기에 가능하다.

평가 단계별 가이드를 참고해서, 현재의 평가 프로세스를 점검해 보길 바란다.

- 자기 평가: 평가 기준에 따라, 지금까지의 OKR과 동료/리더 피드백 내용 등을 종합하면서, 스스로 1년을 회고한다. 얼마나 성장했고 변화했는지 엄격하게 평가하는 시간을 가진다. 평가 기준에 따라서 평가 척도를 활용하고, 그 근거를 작성하면 효과적이다. 보통의 평가 척도는 3~5단계 척도를 활용한다.

- 동료 평가: 분기별 OKR 피드백처럼 연간 평가 과정에서도 동료의 평가는 포함되어야 한다. 리더는 피평가자의 동료 평가자 추천을 검토하여, 가장 적합한 동료 평가자들을 선정한다. 1년 내내 서로 소통하고 협업했던 동료들로부터 솔직한 평가를 받는 것이야말로 본인의 성장에 가장 큰 도움이 될 것이다. 동료들은 자기 평가와 같은 기준과 척도로 평가하고, 추가로 평가 대상자가 앞으로 지속할 것(잘하고 있는 점)과 개선해야 할 점, 실질적으로 기여한 점에 대해서 관찰 의견을 기록한다.
- 리더 평가: 리더는 자기 평가와 동료 평가를 종합하여 적절한 등급을 부여하고, 그 등급을 부여한 기여도와 같은 근거를 작성한다.
- 칼리브레이션 미팅: 피평가자가 속한 본부(사업부)에 속하는 리더들(본부장, 산하 팀장들)이 모인다.(조직 규모와 구조에 따라 다르게 구성할 수 있다.) 피평가자의 리더는 피평가자에 대한 평가 정보를 상위 리더와 다른 리더들과 공유하고, 평가 기준 관점에서 논의한다. '이 사람의 평가 결과와 그 근거가 평가 기준에 맞게 정확하게 평가한 것인가?' '앞으로 더 나은 성과를 내고, 장기적인 성장을 위해 어떠한 성장의 기회나 지원을 제공할 것인가?' 이렇게 솔직하고 철저한 논의를 한 결과라면, 피평가자에게 매우 유익한 피드백이 될 수 있을 것이다. 이 칼리브레이션 미팅에서 꼭

필요한 것은 피평가자 한 사람 한 사람에 대한 애정과 성장을 위해 불편한 이야기를 할 수 있는 솔직함이다. 이렇게 조직의 리더들이 1년 중 며칠만이라도 할애해서 구성원 한 사람 한 사람에 대해서 애정어린 관심과 지원을 보여준다면 조직은 어떻게 변할까? 진정으로 사람이 전부인 조직이 되지 않을까?

최종평가 등급을 표현하는 방식도 다양하다. 기존의 S, A, B, C, D와 같은 등급보다는 '탁월한' '기대를 초과한' '기대를 꾸준히 만족한' '기대에 미치지 못한' '개선이 시급한'과 같이 피평가자에게 솔직한 피드백 메시지와 연결할 수 있는 적절한 표현법을 사용하는 등급을 추천한다.

리더도 평가를 받는다: 상향 평가

평가를 하는 이유는 더 큰 성과를 창출하고, 성장하기 위함이다. 이런 취지에서 가장 도움이 되는 평가는 고객에게 받는 평가일 것이다. 리더의 고객은 그의 팔로워인 구성원들이기에 고객인 팔로워로부터 평가를 받을 때 그의 리더십도 성장하게 된다. 특히 MZ세대는 자신들도 리더를 평가할 수 있도록 회사에 요구하고 있다. 이러한 이유로 상향식 평가를 고민하는 기업들이 늘고 있다. 이에 예시가 될 만한 구글의 리워크 사이트에 있는 리더 평가 설문을 소개한다. 리더 평가

설문의 목적은 리더십 개발이라는 점을 잊지 말자.

① 나는 나의 리더를 다른 직원들에게 추천할 것이다.

② 나의 리더는 나의 성장을 돕기 위해 도전적인 일을 할 기회를 준다.

③ 나의 리더는 팀을 위한 명확한 목표를 전달한다.

④ 나의 리더는 정기적으로 실행 가능한 피드백을 제공한다.

⑤ 나의 리더는 내 업무를 수행하는 데 필요한 자율성을 제공한다(예 개입하지 않아도 되는 문제까지 시시콜콜한 지나친 간섭(마이크로 매니지먼트)을 하지 않는다).

⑥ 나의 리더는 나를 하나의 인격체로 대하며 배려한다.

⑦ 나의 리더는 어려운 경우에도 팀이 우선순위에 집중을 유지하도록 한다(예 다른 프로젝트를 거부하거나 우선 순위를 낮춤).

⑧ 나의 리더는 정기적으로 자신의 상사 및 고위 경영진에게서 얻은 정보를 공유한다.

⑨ 나의 리더는 지난 6개월 동안 경력 개발과 관련해 나와 의미 있는 대화를 나눈 적이 있다.

⑩ 나의 리더는 나를 효과적으로 관리하는 데 필요한 직무 전문성을 갖고 있다(예 기술 분야의 기술적 판단, 영업 분야의 판매, 재무 분야 회계).

⑪ 리더의 행동을 보면, 내가 팀과 공유하는 관점을 리더가 가치 있

게 여기고 있다는 것을 알 수 있다.

⑫ 나의 리더는 어려운 결정을 효과적으로 내린다(예 복수의 팀과 관련된 결정, 우선순위 결정).

⑬ 나의 리더는 팀이나 조직 경계를 넘어 효과적으로 협업한다.

(주관식1) 리더가 계속 해 주었으면 하는 것은 무엇입니까?

(주관식2) 리더가 무엇을 고쳤으면 좋겠습니까?

위 설문은 리더에게 직접 보고를 하는 직원들을 상대로 1~5점 척도의 설문으로 진행되며 그 결과는 문항별 호평-중립-악평으로 구분되고, 호평 비율과 지난번 호평 비율을 비교, 전 세계 구글 리더들의 호평 평균과 비교를 담은 보고서 형식으로 각 리더에게 제공된다. 각 리더들은 이 보고서를 자신의 팀원들에게 공개하고, 어떻게 하면 그 점수를 올릴 수 있을지 직원들과 토론을 벌이고 조언을 구한다. 구글은 이 상향 평가를 '상사-부하 관계의 아름다운 역전'이라고 부른다.

평가 제도 변화 사례: GE

이 책의 서두에서 언급한 바와 같이, 수많은 국내외 기업들의 상대평가 제도에 지대한 영향을 끼친 기업이 바로 GE다. IMF이후, 지난 20여 년간 국내 기업들의 평가 제도의 시작은 GE의 상대평가 제도에서 비롯되었다고 해도 과언이 아니다. 2015년 8월, 30년이 넘도록 운영했던

3등급 상대평가 제도 '10% 룰'을 버리겠다는 선언 후, GE의 평가 제도는 어떻게 변했을까?

PD@GE라는 이름의 새로운 평가방식을 시작했다. PD는 성과개발 Performance Development을 뜻한다. 성과평가에서 성과개발이라는 평가의 본질에 주목하였고, '평가등급 폐지No Rating'를 밝히고, 디지털 시대에 맞게 CFR기반의 소통중심으로 평가 제도를 바꾸었다. 우선 실시간 피드백이 가능한 클라우드 기반의 PD@GE 앱을 개발하여, 직원들 모두가 자신의 목표를 설정하고, 목표를 이루는 방식과 계획, 과제 등을 첨부파일, 작업한 문서, 목소리, 텍스트 등 다양한 형식으로 공유하고(마이 프라이어리티my priority 메뉴), 리더와 수시로 일대일 코칭 대화를 주고받을 수 있게 하였다.(터치포인트touchpoint 메뉴) 그리고 동료 간에 실시간 피드백을 주고받을 수 있게 했고, 동료들은 서로에게 '지속continue'(잘하고 있어요~ 계속해 주세요~), '심사숙고consider'(이런 점은 개선하면 좋겠어요~) 관점에서 피드백을 입력할 수 있다(인사이트insight 메뉴).

그리고 평가를 보상/승진과 분리하고, 리더의 권한으로 위임하였다. 평가의 본질대로 미래 발전 방향에 초점을 맞추고, 피드백 등 구성원끼리 의미 있는 커뮤니케이션을 자주하면서 일하는 방식과 문화를 바꾼 것이다. 상대평가의 대안을 찾고 있는 조직이라면 참고할 만한 사례일 것이다.

어떻게 보상할 것인가?

보상의 출발점

조직이 추구하는 가치를 실질적으로 말해 주는 대표적인 HR 제도는 채용, 해고, 승진, 보상이다. 채용 기준과 실제 채용의 결과를 보면 "우리는 이런 사람과 일하고 싶다"는 것을 알 수 있고, 보상이나 승진을 보면 "이 조직에서는 어떤 사람이 인정받는구나"를 확실하게 알 수 있다. 또 해고(권고사직이나 퇴사 등을 포함하는 의미)를 보면, "우리는 이런 사람과는 안 맞구나. 이런 사람은 이 조직에서 성과를 내거나 성장할 수 없구나"라는 의미를 알 수 있다.

그래서 보상은 항상 이 질문에서 출발해야 한다. "우리는 왜 보상하는가?" 단순히 법적인 노동/근로 계약에 대한 의무를 넘어서 "보상을 통해 내외적으로 주고 싶은 메시지는 무엇인가?" "구성원들은 보상을 통해, 우리의 실질적인 가치를 무엇이라고 인식하게 될 것인가?"이다. CEO와 리더들과 HR 리더는 정기적으로 이 주제로 토론하고, 구성원들과 소통해야 한다. 우리가 OKR을 통해서 만들고 싶은 조직의 모습을 그려 보자. '우리에게 중요한 것'에 '함께' '협력'하고 '도전'하고, 이 과정에서 서로 '소통'하는 조직이다. 보상에 이 '우리(공통)', 함께', '협업', '도전'의 가치를 메시지로 담아야 한다. 최소한 이 가치에 반하는 제도가 되어서는 안 된다.

'공통'과 '협업'은 '조직에 충성'을 말하는 것이 아니다. IMF 이전까지는 한국 기업들의 인사 제도와 보상은 '조직', '충성'이 키워드였다. 그래서 오랫동안 '조직에 충성'한 사람이 승자가 되도록 했다. '연공서열' 보상은 '조직에 충성'하게 만드는 대표적인 제도다. IMF 이후로는 극단적인 반대로 변했다. '개인'과 '경쟁'이 키워드가 되었다. 그래서 개인 인사고과(평가 등급)에 기반한 차등 보상을 인사 제도의 중심에 두게 되었다. 안타까운 것은 이 두 가지 보상 철학 모두 진정한 성과 창출의 가치인 협업, 함께 성장, 도전 등 새로운 시대에 맞는 변화를 담지 못했다는 점이다. 우리가 추구하는 OKR 환경에서의 '공통'과 '협업'은 구성원 간 기여의 차이를 무시하고 모두가 적당히 일하게 만드는 '연공형 충성'과는 다르다. 조직의 큰 성과를 창출하여 모두가 승리자가 되자는 것이다. 또한 '도전'과 '기여'는 '동료와의 경쟁'이 아닌 자신의 강점을 극대화하여 기여하고 그 과정에서의 성장을 의미한다.

누구에게, 무엇으로, 어떻게 보상할 것인가?

'누구에게 보상할 것인가?'의 답은 우리 조직의 보상 철학과 기준에서 나온다. '무엇으로 보상할 것인가?'의 답은 보상의 구조(항목)이다. '어떻게(어떤 방식으로) 보상할 것인가?'의 답은 보상 운영 절차다.

먼저 보상 기준에 대해서 살펴보자. 누가 보상을 잘 받아야 하는가? 당연히 우리가 추구하는 조직의 모습을 실현시키는 사람이어야 한다. 반대로 성과와 변화에 기여를 안 하거나 못하는 사람은 그에 맞는 메시지가 전달되도록 엄격해야 한다. 이것이 구성원들의 인식과 행동에 일관성 있게 작동해야 한다. 보상 메시지에 담은 '공통에 기여', '협업', '도전'을 통해 성과를 창출하고 성장해 가는 사람이 더 나은 보상을 받는 그 '누구'가 되어야 한다.

대기업 S사 중간 리더들의 공통 고민사항들을 담은 질문리스트를 가지고 인터뷰를 한 적이 있었다. 현장에서 부딪히는 어려움이 생생하게 담겨 있는 질문들 중 하나가 바로 "성과가 정말 좋은 사람 vs 노력을 열심히 해서 과거 대비 발전을 이룬 사람 중 어떤 사람을 더 챙겨줘야 할지 고민입니다"라는 질문이었다. 이 질문의 답은 '해당 조직이 무엇을 중요하게 생각하는가에 달려 있다'이다. 만약 우리 조직이 매출이 가장 중요하다고 하면, 전자의 사람이 보상을 받는다. 반대로 우리 조직은 성장이나 질적 변화 없는 양적 성과는 인정하지 않는다고 한다면, 노력과 발전의 가치를 보상의 결정에 중요하게 반영해야 할 것이다.

보상 구조와 운영

두 번째로 보상 구조에 대해 살펴보자. 이 책에서는 대부분 기업의 공통적 보상 요소인 기본급, 성과급, 복리후생 중 기본급과 성과급에 메시지를 담는 방법에 대해서 간략하게 언급하고자 한다. 최저임금, 통상임금, 평균임금과 같은 법적 기준 충족을 넘어서 어떻게 하면 조직의 보상 철학을 담은 보상 구조 운영을 할 수 있을까? 이 책에서 강조하는 점은 세 가지 부류의 대상자들에 대한 운영 원칙이다. 누가 봐도 인정할 수 있는 탁월한 성과 기여자와 롤모델이 첫 번째 부류다. 그리고 누가 봐도 분명한 저성과자 혹은 무성과자, 조직 공통의 가치를 추구하지 않는 사람이 두 번째 부류다. 이 두 부류에게는 확실한 차등 보상을 제공하되, 양극단의 중간에 있는 사람들에게는 개인 간 차등을 최소화하는(혹은 차등을 하지 않는)것을 추천한다. 기본급, 성과급 모두 적용된다. 전체 구성원 70% 정도를 차지하는 사람들에 대한 차등을 최소화하는 것이다. 이런 방식의 장점은 경쟁보다 협업의 수준을 높일 수 있다. 뿐만 아니라 확실한 보상은 유지하면서 지나친 경쟁의식을 지양하게 만든다. 도전과 협업은 자극하면서 시도와 실패에 대한 부담감을 낮출 수 있다. 가장 두드러진 장점은 중간 영역의 사람들에 대한 불필요한 보상 차등이 없어질수록 대다수 구성원에 대한 상대평가가 무의미해지고, 피드백 중심의 평가로 바뀔 수 있다는 점이다. 무엇보다 리더는 자신의 평가 부여에 대해, 자신 있고 솔직하게 피드백할 수 있게 된다.

기본급의 조정: 개인 중심의 결정

보상에서 가장 비중이 크고 중요한 기본급 조정에 대해서 살펴보자. 여기서 기본급의 조정이란 기본급을 처음 결정할 때가 아닌 연단위의 조정(인상)을 의미한다. 기본급 조정 기준은 '이 사람이 얼마나 성과에 기여하며, 조직의 롤모델로 성장해 갈 수 있느냐?'라는 과거와 현재에 근거한 미래 기대에 대한 반영이다. 많은 조직이 이러한 의미를 담아서 업적평가등급과 역량평가등급을 종합한 종합평가등급에 따라 기본급을 조정하고 있다.

어떤 조직은 역량평가 대신 '이 사람의 대체 가능성'이나 '시장가치'를 반영하여 조정한다. 어떤 방식을 쓰든지 기본급에 보상 메시지(가치, 철학)가 잘 반영되었는가가 중요하다. 예를 들어, 어떤 조직이 기본급에 담고자 하는 메시지, 즉 조정 기준이 성과와 조직가치 롤모델이라면, 단순히 목표 달성 여부가 아닌 성과 창출 과정에서 조직이 추구하는 가치와 일하는 방식에서 얼마나 도전적이었는지, 새로운 시도를 했는지, 협업에 적극적이었는지 등 행동의 수준을 판단해야 한다. 이 두 가지 관점을 반영하여 대상자의 기본급을 얼마나 조정할지 판단해야 한다.

성과급의 결정: 성과 단위 중심의 결정

두 번째로 성과급에 대해서 이야기해 보자. 성과급은 금액상으로 기본급보다 적지만, 성과급 운영이 기본급보다 OKR 환경에 더 큰 영향을 줄 수 있다. 성과급의 결정은 '우리 조직에서는 어떻게 성과가 발생하는가?'를 고려하는 것에서 출발한다. 우리 조직이 개인에 의해서 성과가 발생하는지 아니면 팀이나 사업부와 같은 조직 단위로 성과가 발생하는지 아니면 회사라는 한 단위로 성과를 정의할 수 있는지를 고려해야 한다. 오늘날의 기업은 대부분 성과 단위가 조직 차원에서 형성된다. 이 말은 가장 명확한 차이를 주는 기준이 성과 단위의 '조직'이어야 한다는 뜻이다. 이런 경우, '조직'을 기준으로 성과급을 결정하는 집단성과급 체제가 OKR 방식에 어울린다.

만약 성과 창출 단위가 조직임에도 불구하고 억지로 개인 간 차이를 만들려고 한다면, 조직 공통의 목표에 함께 기여하는 OKR정신과 충돌하게 된다. 뿐만 아니라 상호 협력의 OKR 원리와도 부딪힌다. 조직의 공통 목표에 최선을 다해 함께 성취하여 모두가 승리자가 되는 것을 지향하는 것이 OKR의 정신에 맞는다. 그런데 공통의 목표를 향해 달린 팀에서 누군가는 승리자가 되고 누군가는 패배자가 될 수밖에 없는 구조라면, 그다음의 도전부터는 팀원들이 진심으로 몰입할 수 없게 될 것이다. 상호 협력과 정보 교류가 급격히 줄어들고, 팀 간 사일로는 물론 개인 간 사일로까지 확대되는 악순환이 발생할 수 있다. 성과급 단위는 성과의 단위인 조직 단위로 하고, 이 조직 단위를 기준으로 재원을 지급하는 '집단성과급' 방식을 강력하게 추천한다.

집단성과급 체제에서 개인 성과급 배분은 어떻게 해야 할까? 일반적으로 집단성과급은 조직 내 구성원들에게 동일한 지급률이나 N분의 1의 동일 금액으로 지급된다. 조직의 성과를 위해 모두가 직무와 방법은 다르지만 다양한 형태로 기여했다고 믿기 때문이다. 그러나 모두가 최선을 다했지만, 그중에서 탁월하게 기여한 개인이 존재한다. 가끔은 조직에서 이번 성과의 8할은 A씨가 한 것이라고 누구나 인정할 정도의 일이 생기기도 한다. 뿐만 아니라, 조직의 성장이나 성취에 기여하지 못한 무기여자 혹은 저기여자도 있을 수 있다. 집단성과급 체제에서의 개인 차등은 이러한 양 극단에 있는 사람, 즉 누가 봐도 명확한 탁월한 고성과자와 무기여 혹은 저기여자만 구분하는 것이 좋다. 양 극단의 사람들에 대한 확실한 차등은 누가 봐도 인정할 수 있고 조직 내 긍정적 효과를 준다.

단, 도전에 실패했다고 무기여자/저기여자가 되는 것이 아니다. 도전이라고 할 수 있는 의미를 가진 목표였다면, 그 실패는 오히려 인정을 받아야 한다. OKR은 공통의 목표, 협업(팀워크)이 매우 중요하기 때문에 유사하게 기여한 사람들을 굳이 A, B 등급으로 구분해서 좋은 팀워크에 금이 가도록 해서는 안 된다.

보상 위원회

기본급 조정이나 성과급 지급을 결정하는 과정은 먼저 회사 전체의 기본급 인상 재원이나 성과급 지급 재원을 결정한 뒤, 양극단의 사람에 대한 결정과 보상을 책정한다. 이같은 결정을 어떻게 할 수 있을까? 경영층과 리더들을 중심으로 한 '보상 위원회'를 운영할 것을 강력하게 추천한다. '보상 위원회'에서 위 사항들에 대해 논의하고 결정하는 것과 더불어 차등 보상 대상자에 대한 동기부여, 개선을 위한 조치 등의 피드백 메시지까지 논의한다. 앞서 평가 가이드라인에서 언급한 '칼리브레이션 미팅'과는 시기적으로 차이를 두고 진행하는 것이 좋다. 피드백이 보상 이슈에 묻히지 않도록 하기 위해서다. 예를 들어 1월에는 칼리브레이션 미팅을 진행하고, 2월에 보상 위원회를 하는 식으로 말이다 (이것은 조직 문화나 여건 등을 고려하여 자체적으로 결정하기 바란다).

보상 제도 사례: 보상도 바이럴의 시대

자고로 '바이럴'의 시대다. 바이럴이란 바이러스가 전염되어 퍼진다는 뜻이다. 마케팅에서는 어떤 제품이나 서비스가 소비자들 사이에서 알려져서 다른 소비자의 구매 의사결정에 영향을 미친다는 의미로 '바이럴 마케팅'이라는 단어가 널리 쓰이고 있다. 바이럴 개념을 보상 제도에 도입한다는 것은 쉽게 말해서 '내 보상의 결정에 동료가 영향을 미친다'는 뜻이다. 이러한 바이럴 개념의 보상 방식으로 유명한 기업은 미국에 본사를 둔 글로벌 미디어 기업 뉴스코프News Corp의 자회사인 IGN엔터테인먼트다. IGN엔터사는 평가를 하지 않고도 일 잘하는 사람에게 보상이 돌아가게 만든 성과급 지급 방식을 고민하다가 '바이럴 페이'라는 보상 제도를 만들었다.

운영 방법은 전 직원에게 동일한 개수의 토큰을 나눠준다. 직원들은 자신이 할당받은 토큰을 뛰어난 성과를 만들었다고 판단되는 동료에게 지급한다. 단 자신과 CEO에게는 줄 수 없고, 반드시 모든 토큰을 다 사용해야 한다. 그리고 매년 일정 시점이 되면 '토큰 개수×개당 얼마'로 성과급을 지급한다.

바이럴 페이 제도의 중요한 전제는 직원들에 대한 몇 가지 믿음이다. 상사보다 함께 일하는 동료들이 고성과자가 누구인지 더 잘 안다. 상사들이 감지하지 못하는 실제적인 업무 능력을 평가할 수 있다. 리더의 눈에 띄지 않고 묵묵하게 일하는 기여자들을 동료들이 가장 잘 안다고 믿는다.

그리고 토큰 개수가 공개됨에 따라 저성과자들에 대한 독려 효과도 기대할 수 있다. 자칫 인기투표가 될 수 있다는 우려가 있었으나, 회사는 직원들의 판단을 신뢰하고, 이 신뢰를 받은 직원들이 신뢰에 맞게 행동하는 선순환으로 인기투표가 될 우려를 상쇄했다고 한다.

한국의 몇몇 기업이 이 바이럴 페이 제도를 다양한 방식으로 응용하여 도입하고 있다. 최근 국내의 한 중견기업에서 '바이럴 인센티브' 제도를 도입했다. OKR 상황에서 팀 중심의 집단 성과급제를 지급하고, 탁월한 기여를 한 직원들에 대한 차등 보상 방법으로 바이럴 인센티브를 지급한 것이다. 동료 직원들이 추천한 후보자들 중에서만 경영진에서 심사하여, 집단 성과급 금액의 일정 배수를 추가로 지급하는 방식을 사용했다. 전 직원이 추천에 참여했다. 바이럴 인센티브

재원은 기존 재원에서 일정 부분을 떼는 방식이 아니라 추가 출원방식을 사용했기에, 대상자로 선정되지 못한 구성원들의 반감을 없애면서 탁월한 기여를 한 우수인재를 부담 없이 추천하도록 했다. 어떻게 이 제도가 한국의 오래된 일반 기업에서 정착할 수 있을지 관심을 가지고 지켜봐야겠지만, 직원들로 하여금 동료를 인정하는 보상 제도라는 점과 회사가 직원을 신뢰한다는 점에서 긍정적 반응을 얻고 있다고 한다.

이 외에도 구글의 지땡스gthanks와 동료 보너스Peer bonus 제도도 여러 기업들이 적용하고 있다. 지땡스는 동료들끼리 서로를 칭찬하도록 만든 칭찬 사이트다. 동료의 이름을 선택하고 칭찬할 내용을 입력한다. 이 내용은 모두에게 공개된다. 여기에 동료 보너스라는 제도를 함께 운영하고 있다. 동료가 주는 보상이다. 어떤 직원이든 회사 돈으로 다른 직원에게 원화KRW로 약 20만 원 수준의 보너스를 줄 수 있다. 결제 과정도 없다. 오남용의 우려가 있지만, 문제 없이 무려 10년 넘게 시행 중이다.

구글의 지땡스와 동료 보너스 제도를 도입한 한국의 공기업은 2019년부터 포인트 방식으로 시행하고 있다. '협업포인트제'란 이름으로 업무 과정에서 타 부서 직원에게 업무 도움을 받을 경우 감사 메시지와 포인트를 지급하는 방식으로 운영하고 있다. 받은 포인트가 많은 협업 우수 직원이나 부서에는 연말에 소정의 보상이 지급된다. 시작 후 5개월 간 협업포인트를 받은 직원은 1만 명이 넘었고, 감사 메시지(포인트)는 42만 포인트 이상이 사용되었다고 한다.

어떻게 하면 대한민국 기업들이 'OKR × 그로스 모델'을 도입기부터 정착기까지 꾸준히 실행하고, 평가, 보상의 제도 변화를 만들 수 있을까? 존 도어는 "OKR은 만병통치약이 아니다. 아무리 OKR이라도 리더의 합리적 판단과 창조적 조직 문화를 대체할 수는 없다. 그러나 이러한 기반(리더십, 문화)이 마련되었을 때, OKR은 우리를 정상의 자리로 안내한다"라고 말했다.

무엇보다 우리에게 필요한 것은 '문화'와 '리더십'이다.

14장

성공 조건 3

문화와 리더십에 달려 있다

OKR은 조직의 문화가 바뀌는 것이다. 조직이 정렬되어 일하고, 서로 소통하고 협력하면서, 큰 목표를 향해 도전하는 것은 그 조직의 일하는 문화다. OKR을 지속적으로 하다 보면, 문화가 바뀌고 성장하는 조직이 된다. 그러므로 OKR 도입기에서부터 차근차근 조직 문화 변화 노력을 함께 기울여야 한다.

문화 변화의 중심에는 리더가 있다. 리더 혼자서 문화를 만들 수는 없지만, 리더의 영향은 막대하다. 문화는 리더가 만들어지는 토양이면서, 리더의 영향을 받는 토양이다.

사명, 우선순위, 목표, 선택과 집중, 전략적 핵심결과, 실행, 소통, 팀워크(협업), 동기부여 등 OKR의 중요한 성공 요인들을 보면 리더십

역량과 다르지 않다는 사실을 알 수 있다.

그렇다면 어떤 문화와 리더십을 위해 노력해야 할까?

진심과 신뢰로 엮이기

리더들은 다음과 같은 고민을 자주 털어놓는다. "OKR과 CFR 방법을 배워서 적용했는데 생각처럼 잘되지 않더군요. 질문을 해도 팀원은 좀처럼 입을 열지 않고, 일하는 데 아무 문제없다는 식으로 짧은 대답만 하더군요. 대화 시간보다 침묵하는 시간이 더 길었던 것 같습니다." 정말 문제가 없었을까? 추구하는 무언가가 존재하고, 그것이 실현되지 않았다면, 문제가 아니더라도 지금 하고 있는 일을 공유하면서 더 잘할 수 있는 방법과 같은 이야기를 나눌 수 있다. 그런데 왜 우리의 현장에서는 대화가 어려운 것일까? 리더의 일방적인 소통 습관이나 대화에 익숙하지 않은 사람들의 성향 등 여러 이유가 있을 것이다. 대화를 잘하기 위해서는 중요한 전제조건이 있다. 리더와 구성원 사이의 신뢰다. 신뢰는 단순히 말로만 표현하는 것이 아니라 진심이 서로 연결되어야 한다. 신뢰가 생기면 대화 방법이나 사람의 성향을 떠나, 서로의 말에 귀를 기울이고 듣게 된다. OKR과 CFR이 제대로 작동하려면, 진심이 연결Heart-to-heart된 신뢰가 필요하다. 신뢰를 만드는 아래의 세 가지 방법을 리더와 구성원이 함께 실천해 보자.

첫째, 존중이다. "리더인 저는 여러분들을 존중합니다"라고 말한다고 구성원들이 리더로부터 존중받고 있다고 생각하지 않는다. 존중받는지 여부는 내가 실수했을 때, 리더나 동료가 나에게 하는 말과 행동에서 판단 가능하다. 문제의 원인을 사람에게 있다고 보는지, 그 사람이 그렇게 행동하게 된 상황에 있다고 보는지를 말한다. 사람이 아닌 상황에서 문제의 원인을 찾으려고 하는 대표적인 사례가 '포스트 모르템(사후부검)' 방식이다. 어떤 동료가 실수로 금전적 손실을 일으켰을 때, 문제 상황과 원인을 동료들에게 공유하고, 동료들은 원인과 대책을 함께 분석하고 마련하여, 누구든지 동일한 실수를 저지르지 않도록 하는 것이다. 이런 존중의 환경에서는 실수나 실패를 해도 안전하다고 느끼는 '심리적 안전감'이 형성된다.

둘째, 솔직함이다. 솔직함에 대해 많은 사람이 어떤 생각이나 감정을 여과없이 드러내는 태도라고 오해한다. 국어사전에서 솔직함은 '거짓이나 숨김없이 바르고 곧다'라는 뜻이다. 숨기지 않음과 바름이 공존하는 것이 솔직함이다. 경영의 현장에서 이런 솔직함은 동료를 인간적으로 대하면서, 불편한 상황에 대해서 숨기지 않고 직면하는 균형을 말한다. 불편한 이야기를 피하고 형식적으로 좋은 말로 넘어가는 태도나 솔직함을 오해한 나머지 불편함과 분노를 퍼붓는 태도는 솔직함이 아니다. 동료 피드백을 해 보면, 균형 있는 솔직함보다 한쪽으로 치우친 경우를 자주 접한다. '관심과 공감을 가진 직면'은 구체적이고 근거 있는 칭찬과 개선점을 함께 이야기해 줄 때 드러난다.

셋째, 듣는 것이다. '들으려고 하는 것'이란 표현이 더 어울릴 것 같다. 무엇을 들으려고 해야 할까? 자신의 취약성을 들으려고 하는 것이다. 대부분의 사람은 인정받길 원하지 자신의 부족한 부분은 듣고 싶어 하지 않는다. 정말 어려운 일이지만, 자신의 취약성을 솔직히 드러내고, 듣는 것이야말로 신뢰를 형성하는 가장 강력한 방법이다. 리더는 팀원과의 면담을 마칠 때, "나의 리더십에서 부족한 부분을 한 가지만 말해 주세요"라고 요청해 보자. 요청 행위 자체도 매우 효과적이지만, 피드백에 대해서 개선하려는 노력을 보인다면 리더에 대한 신뢰지수는 빠르게 상승할 것이다. 신뢰를 중요시하고 강화하는 조직은 '상향식 피드백(바텀 피드백)'이나 '360도 피드백' 제도를 적극적으로 활용한다. 이렇게 취약성을 듣고 개선하는 프로세스는 평가를 위함이 아니라, 신뢰로 조직을 단단히 이어 주는 방법임을 꼭 기억하자.

목적과 가치 지향

OKR 상담이나 자문으로 만났던 많은 기업 중에는 창업 이후 지금까지 오로지 매출만이 목표인 회사들도 있었다. 항상 목표는 매출액이다. 이 회사에서 일하는 직원들은 가치 있는 것, 정말 중요한 것, 우리 조직의 존재 이유와 고객 가치에 대해서 이야기하는 것을 매우 어색해 했다.

어떤 직원은 "또 목표가 매출액인데, 굳이 분기마다 OKR을 수립할 필요가 있을까요?"라고 말했다. OKR의 O는 하고 싶은 열망을 느끼는 대상인데도, 직원들이 무언가를 해 보려는 간절함이 생기지 않았던 것이다.

목적과 가치를 지향하는 문화가 조직에서 꿈틀거리게 만들려면, '중요한 대화'를 꾸준히 해야 한다. '우리 조직의 미션과 핵심 가치가 구성원들의 마음을 울리고 있는가?' '우리의 미션이 액자 속에만 걸려 있는 것은 아닌가?' '대부분 직원들이 잘 모르고 있고, 홈페이지에만 존재하고 있지는 않는가?'를 정기적으로 점검해야 한다.

목적과 가치 지향적인 조직은 미션과 핵심 가치를 단순히 액자용으로 만들지 않는다. 조직에 체화되고 사업 의사결정과 조직운영체제와 사람들에게 체화되도록 만든다. 만약 우리 조직의 미션과 가치가 액자나 홈페이지 속에만 있다면, 이제 꺼내야 한다. 우리가 일하는 이유이자, 대화 리스트 1번으로 올려 놓아야 한다. 필요하다면, 임직원들의 마음을 모아서 다시 만들어야 한다.

책임과 기여로 모두가 리더되기

OKR 문화는 팀 문화이자 책임 문화다. 공동의 우선순위 목표를 정하고 나면 OKR은 실행, 즉 책임과 전략의 차원이 된다. 기여할 목표가 생긴다는 것은 책임을 가진다는 뜻이다. 책임진다는 것은 단순히 '실패하면, 책임져라(사표 쓸 각오해라)'는 뜻이 아니다. 일에 대한 오너십을 가진다는 뜻이다. 내 일을 내가 주도하고 도전한다는 뜻이다. 나를 위해서가 아니라, 우리 모두를 위해서다. 이런 문화를 만들기 위해서는, 무엇보다 회사와 팀 단위 OKR을 세우는 과정부터 실행 과정에 철저히 투명하게 소통하고 참여하고 공유하는 노력이 필요하다. 이 과정을 주도하는 사람은 리더다.

조직의 성과를 책임지는 사람을 우리는 리더라고 부른다. 리더는 항상 조직을 생각하면서, 조직을 위해서 자신의 책임에 최선을 다한다. 조직 공동의 목표를 위해 개인들이 자발적으로 기여하는 OKR이야말로 모든 사람을 리더로 만든다. 피터 드러커가 말한 지식근로자는 경영자처럼 생각하고, 조직의 사명과 목표에 자발적으로 기여하는 사람이다.

모든 구성원이 팀을 위해서 자기 책임을 기꺼이 지는 '리더' 조직을 만들기 위해서 리더가 하지 말아야 할 것이 있다. 마이크로 매니지먼트다. 마이크로 매니지먼트형 리더는 세세한 것까지 직원들에게 맡기지 못하고 지시한다. 조직의 우선순위를 정한 뒤에도 끊임없이 지시한다. 조직의 우선순위 목표보다 업무 지시를 항상 소통의 중심에 둔다. 구성원들을 '리더'로 성장시키기 위해서는 우선순위가 아닌 딴 일을 계속 주는 행동을 멈추도록 본인 스스로 노력해야 한다. 그래야 구성원들이 책임 있게 조직에 기여할 수 있다. 구글의 리더십 상향평가 질문 중에서 이와 관련된 리더의 행동을 정확하게 나타내는 문항이 있다. "나의 리더는 어려운 경우에도 팀이 우선순위에 집중을 유지하도록 한다(예 다른 프로젝트를 거부하거나 우선 순위를 낮춤)." 구성원들로 하여금, 팀의 목표에 자신의 책임을 발휘하는 문화를 만드는 것이 리더의 올바른 행동이라는 사실을 말해 주고 있다.

자율적인 변화를 위한 노력 지지

조직에는 시간이 지날수록 타성에 젖은 관행들이 생긴다. 대표적인 타성적 관행이 "하던 대로 해. 시키는 거나 잘해." "나서지 말고 가만히 있으면 손해는 안 본다." 등이다. 이러한 타성에 무감각해지거나, 수동적이고 안정적인 것만 지향하는 문화 속에서는 OKR의 성과를 얻을 수 없다. 자발적이고, 적극적으로 무언가를 해 보려는 직원들을 인정해 주고 기회를 줘야 한다. OKR은 자기통제의 정신, 상향식의 얼라인먼트다. 자율적인 변화에 대한 노력을 지지하지 않는 곳에서는 이 얼라인먼트가 작동할 수 없다.

OKR을 시작한 기업들 중에는 어느 순간 과거처럼 하향식의 목표 수립 방식으로 돌아가 버린 곳이 있었다. 경영자 혼자서 OKR을 외쳤고, 직원들은 조용히 자기 업무만 하던 이전의 모습과 달라진 것이 없었다.

OKR을 시도했다가 포기한 기업도 있다. 큰 투자를 받고 몇 개의 사업을 동시에 진행하면서 계속 조직을 키워가고 있었다. 대표 외에 각 사업을 이끌 시니어 리더들이 합류했고, 사업마다 다른 배경을 가진 직원들이 계속 늘어나고 있었다. OKR을 시작하면서 리더들 사이에서 불협화음이 생기기 시작했다. "OKR이 좋은 거 알겠는데, 나는 OKR 없이도 지금까지 다른 회사에서 잘해 왔습니다. 이 회사에 와서도 지금까지 잘하고 있는데, 굳이 왜 OKR을 해야 하는지 모르겠습니다"라는 리더 몇명의 지속적인 불만제기로 CEO는 결국 OKR 중단 선언을 하게 되었다. 알고 보니 그 불만을 제기한 리더들도 부담스러운 목표로 일하는 것에 부담을 가진 팀원들로부터 많은 스트레스를 받았던 사실을 알게 되었다. 자율적이고 자발적인 변화를 지지하는 태도는 리더에게만 요구되는 것이 아니다. 구성원들도 리더와 동료들을 지지해줄 때 변화는 가능해진다.

실패를 학습의 기회로

OKR을 만든 앤디 그로브는 인텔의 기업문화와 경영기법에 스포츠팀 문화를 반영하고 싶어 했다. 스포츠팀 하면 어떤 것이 생각나는가? 프로스포츠처럼 고액 연봉자, 성적에 따라 몇백 %가 인상되기도 하고 삭감되기도 하는 치열한 정글 같은 분위기가 생각나는가? 그로브가 말하는 스포츠 팀 문화의 핵심은 실패 확률이 있어도 승리를 위해 도전하는 태도다. 모든 스포츠 경기는 경기 전에 승리(성공) 확률과 패배(실패) 확률이 50%씩이다. 선수들은 높은 실패 확률을 알고도 경기를 포기하지 않고, 승리하기 위해 최선을 다한다. 그로브는 높은 실패 확률에서도 포기하지 않는 도전을 조직 문화에 심고자 했다. 모든 도전 속에는 실패가 있다. 목표에 집중하고 도전하는 사람을 존중하고 목표를 향하는 과정에서나 실패라는 결과를 학습의 기회로 삼는 팀 문화에서 심리적 안전감이 싹튼다.

OKR은 어렵다. 해 보기 전에는 누구나 할 수 있을 것 같은데, 막상 시작하면 기존의 것을 바꿔야 하는 변화 때문에 불편함이나 어려움을 호소한다. 일대일 미팅도 부담스러워한다. 이때 필요한 것이 리더의 의지고 인내다. 불가능하다고 말하는 것에 대해서 건전하게 무시할 때도 있어야 한다. 구성원과 소통 없이 독불장군 카리스마를 발휘하라는 것이 아니다. "불가능하다. 안 된다"라는 말과 안 되는 이유에 동의하지 말고, 어려운 목표 앞에서 먼저 '되는 방법'을 찾는 성장형 마인드셋이 필요하다. "목표 달성은 언제나 쉽지 않다. 그러나 리더는 목표를 얼마든지 성취할 수 있다는 확신을 구성원에게 전해야 하며, 한계까지 밀어붙여야 한다"는 래리 페이지의 말에서 도전하는 조직을 만드는 리더는 어떠해야 하는지 배우게 된다. 리더 스스로 'OKR은 그 모든 어려움을 감수할 가치가 있다'는 점을 확신하고 포기하지 않는 모습을 보여줘야 한다. 리더 본인이 중심을 잡고 있으면 결국 팀원들은 따르게 된다.
사실, OKR에서 가장 힘든 역할을 수행하는 사람이 바로 리더다. 그래서 OKR 도입기에 팀원보다 먼저 리더들이 OKR을 연습할 시간을 주는 것을 추천한다. 처음에는 개인 단위가 아닌 회사, 사업 단위, 혹은 팀 단위까지 리더 중심의 OKR을 시작하는 것이 좋다. 리더가 조직 OKR에 익숙해진 뒤에 개인 단위의 OKR로 확대 적용하면 된다(5장 기여와 협업으로 정렬하기 참고).

인텔 이후, 가장 성공적인 OKR 실행 조직인 구글은 OKR 도입 초창기의 우리나라 기업들에게 매우 중요한 시사점을 제공한다. 나는 구글의 OKR을 한마디로 이렇게 말하고 싶다.

"정말 무식하게 참 잘했다."

'무식하게'라는 단어를 쓴 이유는 대안과 성과 없이 비판하는 '헛 똑

똑하게'라는 단어와 대비하고자 함이다. '배우고 확신한 점'에 대해서 철저하게 하려고 했고, 다른 것 따지지 않고 포기하지 않고 안되면 더 잘할 방법을 찾았던 모습을 표현할 단어를 아무리 생각해도 떠오르지 않았다. '무식하게' 이 단어가 가장 잘 어울리는 것 같다(나의 짧은 어휘력을 이해하시라).

이것이 래리 페이지의 집념과 헌신적 리더십에서 비롯된 점임을 간과해서는 안 된다. CEO부터 모든 구성원이 어마어마한 시간을 투자했다. 좋은 목표가 나올 때까지 모여서 이야기하고, 어려움에 부딪혔을 때마다 더 잘할 방법을 찾으려고 했다. 조직이 빠르게 성장하는 중에도 CEO가 개발자의 OKR을 검토하는 데 분기마다 이틀 정도의 시간을 투자했고, 전문가인 존 도어와 일일이 검토했고, 분기마다 리더들과 마라톤 회의를 열었다는 점은 OKR을 대충하려고 하지 않고, 특별히 잘되는 지름길을 찾으려고 하지 않았다는 사실을 말해준다. 수많은 시간을 투자해서 제대로 했다.

우직하고, 집요하게, 꾸준히…….

15장

또 하나의 OKR

개인의 인생을 멋지게 만드는 Life OKR

나의 인생을 경영하는 도구

OKR이 조직 경영을 위한 도구라는 점은 부인할 수 없는 사실이다. 조직이 가진 자원들을 최우선순위 목표에 집중시키는 전략적인 도구다. 개인의 인생에도 똑같은 원리가 작동한다. 자신만의 고귀한 '존재 이유'인 사명을 가지고 있는 사람이라면 사명의 성취를 위해서 목표를 세우고, 주어진 시간과 주변의 자원들을 집중하면 작은 성취를 통해 사명에 가까이 갈 수 있을 것이다.

꼭 거창한 사명이 아니더라도 누구나 살면서 해 보고 싶고, 이루고 싶은 것들이 있다. 이런 것들을 목표로 세울 수 있다. 목표를 세웠다면 시간이라는 삶의 자원을 집중해서 목표를 이루거나 지금보다 목표에 가까워지는 성장을 경험하게 될 것이다.

이를 위한 OKR을 개인적으로 'Life OKR'이라고 부른다. 자기 인생의 경영자로서 꼭 이루고 싶거나 되고 싶은 모습, 변하고 싶은 자신의 모습, 누군가에게 기여하고 싶은 목표를 세울 수 있다. 목표까지 과정의 작은 변화의 결과들을 핵심결과로 세운다. 그리고 일 단위나 주간 단위로 자신이 실행할 실행계획들을 세우고, 시간과 함께 관리해 보자. 여기까지 보면, 이 책에서 설명한 OKR과 별다른 차이가 없을 것이다.

예를 들어, 학생이라면 진로 목표를 수립할 수 있다. 많은 학생이 진로를 선택할 때 "더 나은 사회를 만들고 누군가를 돕는 가치를 실현하고 기여하기 위해서 '○○ 직업'을 가지고 싶다"라고 말하고, 관련 전공을 선택한다. 장기적으로는 "어떤 사람이 되자"와 같은 목표도 가능하지만, 이를 위해서 어떤 학교에 진학하고자 하는 중기적인 목표, 그 학교에 진학하기 위해서 필요한 기준과 조건을 충족하는 더 단기적인 목표로 OKR을 수립할 수 있다.

직업인이라면 자기개발이나 자신의 성장을 위한 Life OKR을 수립할 수 있을 것이다. 교육기업 휴넷이 매년 초 실시하는 '직장인 새해 소망 설문조사' 자료를 보면, 자격증, 외국어, 이직 관련한 자기계발과 성장을 항상 추구한다는 것을 알 수 있다. 2020년에는 자격증, 외국어,

이직/창업, 다이어트/금연, 재테크 순이었고, 2021년은 코로나 이후, 건강관리, 재테크, 이직/창업, 자격증, 외국어 순으로 나타났다. 해마다 응답자의 95~99%가 자기계발 계획을 가지고 있다고 응답했다. 바쁜 직장인들이라면, 자기계발 계획을 실천하기 위해 Life OKR을 세워 보기를 추천한다.

학생이나 직장인의 학습 성취, 자기계발을 위한 Life OKR은 분기보다 월 단위 OKR을 추천한다. 특히 매년 계획만 세우고 실행에 실패를 반복하고 있다면, OKR을 월 단위와 같은 짧은 기간을 세우는 것이 좋다. 또 어려운 도전을 포기하지 않으려면, 주변의 도움이 필요하다. 같은 관심사를 가진 주변의 지인이나 친구, 가족들과 함께 OKR을 수립하고 공유하는 것을 추천한다. SNS에 자신의 OKR을 공유하고, 매일 어떻게 실행하고 있는지 일기처럼 남기는 것도 좋다.

꾸준한 실행으로 성장을 경험하고 목표를 성취하기를.

이 책을 읽고 결심하는 모두에게 진심 어린 응원을 보낸다.

감사의 글

2016년부터 스타트업 영역에서 창업자, 스타트업 CEO와 직원들을 돕는 성장 파트너로 일해 왔다. 이 일을 시작하면서 겪어온 OKR 도입, 실행 과정을 통해 얻은 수백 개의 이야기 노트들을 2019년 말부터 글로 정리했다. 2020년 4월에 출판 계약을 맺었지만, 6월까지 정리한 원고를 출판사에 전달하기 전에 다시 쓰고, 두 번째 완성한 원고를 보면서 또다시 썼다. OKR은 한 가지의 정답만 있는 것이 아니기에, 다양한 적용 사례를 하나라도 더 담고자 했다. 또 조직마다 유연하게 적용할 수 있는 가이드라인을 구조화해서 조직에 맞게 도입할 수 있도록 연구하고 고민했다. 원고 정리만 1년이 넘는 시간이 흐르고 나서야, 독자 여러분께 소개해 드리게 되었다. 긴 시간의 습작인 만큼, 고마운 많은 분들의 흔적이 있다.

지난 몇 년 동안 만났던 스타트업 기업부터 대기업까지 다양한 기업들의 CEO, 임직원분들 한 분 한 분을 떠올리며 감사의 마음을 전한다. 이 책은 그분들과의 대화부터 함께 땀 흘리고 노력했던 결과다. 2019년 존 도어의 《존 도어 OKR》의 감수부터 이 책의 출간까지 대한민국 기업의 성장에 기여한다는 같은 마음으로 함께 해 온 세종서적 정소연 주간님께 감사드린다. 또 부족한 초보 작가를 잘 이끌어준 박혜정 편집팀장님께도 고마운 마음을 전한다. 제목 선정부터 독자들을 위한 원고의 구조와 포인트들을 잡도록 이끌어 주셨다.

부족한 원고에 진심 어린 마음과 깊은 지식으로 조언을 해준 분들이 있다. 이 책 곳곳에 이분들의 생각이 묻어 있다는 그 자체가 영광스럽다. 에프앤에프 정민호 이사님, 직장인 행복연구소 서강석 소장님, 국민대 김성준 교수님, UNIST 홍운기 교수님, 여현준 작가님, 김현미 브랜드 디자이너/교수님, 노을 안정권 CSO님, 엔파씨 박보혜 대표님, 이영희 선생님께 감사드린다.

1년이 넘는 시간 동안 "아빠, 이번 주말에도 글 써?"라며 같이 놀고 싶은 마음을 참고 방문을 닫아 준 사랑하는 두 아들 주안, 정안의 모습이 미안함과 함께 기억에서 사라지지 않는다. 다시 돌아오지 않을 아이들의 시간에 대한 큰 빚을 더 큰 사랑으로 갚아야겠다. 그리고 대기업 퇴사 후, 남편의 새로운 도전을 지지해주고 이 책이 나올 때까지 물

심양면 지지와 용기를 북돋워준 사랑하는 나의 아내 윤현진에게 말로 다 할 수 없는 감사와 사랑을 전한다. 새로운 변화를 시작하려던 6년 전, 하늘나라로 떠나셨던 보고 싶은 어머니께 그동안 아들의 삶을 이 책에 담아서 드린다. 무엇보다도 40대에 사명을 확인시켜 주시고, 새로운 길을 인도해 주시고, 하루하루 버틸 힘을 주시며, 항상 함께해주시는 사랑하는 나의 하나님께 감사드리며, 이 책이 많은 이웃 기업들을 섬기는 사랑의 도구로 사용되기를 기도한다.

저자 이길상

부록

OKR 성공을 위해서 이 책과 함께 읽으면 좋은 책 11권

1 | 피터 드러커의 책은 매우 많다. 그 책들을 다 읽을 순 없어도 이 두 권의 책 혹은 이 중에서 한 권의 책은 꼭 읽자. 경영의 시작, 경영의 위대한 책들은 이 책들에서 시작했다. 《매니지먼트》는 두 종류의 책이 있다. 원본과 요약본으로 구분할 수 있는데, 원본은 총 1,400쪽으로 상/하권으로 된 방대한 책이다. 과거 21세기북스에서 출간됐지만 절판돼 도서관 등에서만 대여해 볼 수 있다. 요약본은 우에다 아츠오Atsuo Ueda라는 일본인에 의해서 정리된 책으로, 청림출판에서 약 370쪽 분량의 번역서로 출간됐다.

- 피터 드러커, 《경영의 실제》, 한국경제신문사(한경비피)
- 피터 드러커, 《피터 드러커·매니지먼트》, 청림출판
- 피터 드러커, 《피터 드러커의 매니지먼트》, 21세기북스

2 | 앤디 그로브(앤드루 그로브)의 이 책을 읽지 않고 OKR을 이야기할 수 없다.

- 앤드루 그로브, 《하이 아웃풋 매니지먼트》, 청림출판

3 | OKR도 교과서에서 시작하자. 어느 구글러는 "이 책은 우리에게 바이블이에요"라고 평가하기도 했다. OKR 교과서이자 제대로 읽으면 또 안 볼 수 없는 책.

- 존 도어, 《OKR 전설적인 벤처투자자가 구글에 전해준 성공 방식》, 세종서적

4 | OKR을 알기 전에 위대한 기업이 되는 미션과 진정한 성공, 전략, 고객을 생각해야 한다.

- 짐 콜린스, 《좋은 기업을 넘어 위대한 기업으로》, 김영사

5 | OKR은 결국 일의 문제다. 피터 드러커도 "생산적인 일의 구조와 목표 성취능력이 만나서 성과를 낸다"고 했다. OKR은 목표를 달성하는 일을 잘하자는 것이다.

- 마커스 버킹엄, 애슐리 구달 공저, 《일에 관한 9가지 거짓말》, 쌤앤파커스

6 | 성장의 시작은 이것이다. OKR은 명령이 아닌 구성원들의 자발적인 기여와 도전, 협업으로 이루어진다. 리더와 구성원 모두에게 필요한 것은 성장형 마인드셋이다.

- 캐럴 드웩, 《마인드셋》, 스몰빅라이프

7 | 도전적인 목표 추구는 심리적 안전감에서 비롯된다. 우리 조직이 심리적 안전감이 있는 조직이 되는 것은 도전과 실패에 두려움 없는 조직이 된다는 뜻이다.

- 에이미 에드먼슨, 《두려움 없는 조직》, 다산북스

8 | OKR은 OKR만 이야기할 수 없다. OKR 수립하고 행사만 연다고 OKR이 아니다. OKR로 성공한 구글이란 기업의 문화와 제도들, 그 이면과 고민을 이해하는 것은 OKR 성공 환경을 만드는 열쇠다.

- 라즐로 복, 《구글의 아침은 자유가 시작된다》, 알에이치코리아(RHK)

9 | "CFR은 어떻게 하면 좋을까요?" 질문하는 분들께 항상 강력하게 추천하는 책. 리더들이여, 주저하지 말고 솔직한 피드백을 하자.

- 킴 스콧, 《실리콘밸리의 팀장들》, 청림출판
- 줄리 주오, 《팀장의 탄생》, 더퀘스트